音楽科教育は　なぜ　存在しなければならないのか

「良い音楽科教育」を構想するための目的論

Ryo Hasegawa
長谷川諒　著

明治図書

まえがき

本書は、そのタイトルどおり「音楽科教育の存在意義」について論じようとするものである。想定される主たる読者層は現役の教師や教員養成課程の大学生、あるいは音楽教育学を専攻する大学院生たち、ということになるのだろう。一方、筆者としては、ロックバンドのファンやクラシック演奏家、あるいは学校の音楽の授業が嫌いだった音楽愛好家等、必ずしも教科教育に積極的関心の無い方々にも本書をおすすめしたい。なぜなら、「公教育というパラダイムから音楽の在り方を問う」という知的体験そのものが、音楽教育学者が独占するにはもったいないほどに興味深い創造的営為だからだ。本書が参照したスモール、エリオット、フレイレ、アルサップ、ソシュール、シェーファー、MMCP、苫野は、言うまでもなく教科教育に限定されない重要な思想を携えている。序論から順に通読することをおすすめするが、興味をもった思想家の節から読み始めるのもよいだろう。音楽という極めて不思議な現象の実態に迫るうえで、音楽科教育という視点は意外にも有益だ。本書を通じてそのことが読者に伝われば、音楽教育学者としてこれ以上嬉しいことはない。

二〇二四年七月　　長谷川　諒

CONTENTS

第一章 音楽への記述的接近

CONTENTS

CONTENTS

第三章 音楽科教育の目的論に関する試論

第四章 メタ音楽（Meta-Music）としての集団即興演奏

CONTENTS

序論

本書は、「音楽科教育が存在しなければならない理由」すなわち音楽科教育の目的論に関する試論を提出することで、「良い音楽科教育」についての活発な議論や教育実践者らの内省を促進することを目的とするものである。

書籍の冒頭から、「何と大げさなことを」と思った方もいることだろう。何より、筆者自身が「何と大げさなことを」と感じているのである。言うまでもなく尊大なテーマ設定であり、また筆者の手に余ることも重々承知している。しかし、「良い音楽科教育とはなにか」「音楽科教育はなぜ存在しなければならないのか」という極めて重要なテーマについての論考は、実践レベルでも研究レベルでも非常に各論的で小さくまとまるのみであった。結果的に、我々の「良い音楽科教育には○○が必要だ」のような主張は、中規模の論争を引き起こしながら基本的に平行線を辿ってきている、といってよいだろう。

そこで、序論では、なぜ「良い音楽科教育」について考えることが必要なのか、そしてそのために「音楽科教育の存在意義」に言及するのはなぜか、論じていきたいと思う。

「良い音楽科教育」とはなにか

「良い音楽科教育」とはなにか。どのような教育を「良い音楽科教育」と呼ぶことができるのか。これは、音楽科教育に携わっている教師や、教師を目指す教員養成課程の学生たちが一度は必ず直面する本質的な問いである。そして、あまりに本質的であるがゆえに、日々の生活の中でいつの間にか思考の片隅に追いやられてしまう、不遇な問いでもある。

私たちは、音楽科教育について様々な立場からその良し悪しについて論じている。「子どもが積極的に合唱に参加している、これは良い授業だ」「授業の目標を子どもから引き出している、これは良い授業だ」「子どもがオリジナリティあふれる素晴らしい作品を作っている、これは良い授業だ」等。もっと素朴に「子どもが笑顔だった、これは良い授業だ」のように、子どもの表情を規準に教育実践の「良さ」を評価する場合もあるだろう。一見するとどれも確かに「良い音楽科教育」の具体的実践事例に該当するように見える。

また、「音楽科教育にはとにかく合唱が必要なのだ」「いや、音楽科教育において最も重要なのは創作だ」といった、音楽活動の種類に注目して「良さ」を強調するような議論もよく目にする。例えば合唱の意義を強調するための主張として、「合唱はクラス全体が一体になる経験、すなわち協働経験をさせるという意味で重要なのだ」という論が想定される。一方創作の意義を強調するための主張としては、「合唱なんて同調圧力の塊である。それに引き換え創作は自由であり、子どものクリエイティビティを育むという価値がある」という論も想定され得る。これらも、間接的にではあるが「良い音楽科教育」についての主張をしていることになる。そしてどちらの主張にも一理あるように思える。

さらに、「子どもにはベートーヴェンの曲くらいは知っておいてもらいたい」「大人になった時に西洋音楽の構造について少しくらい知っておくことは重要だ」のような、教養主義的な音楽教育観をもつ人もいる。確かに、子どもが将来余暇の時間にクラシック音楽のコンサートに行くような場合を想定してみると、学校でベートーヴェンの生涯について少しでも知識を獲得しておけば、コンサートでの聴取経験がより豊かなものになるかもしれない。また、私たちが最も日常的に触れているポピュラーミュージックは、そのほとんどが西洋音楽の歴史の中で発展してきた作曲技法をもとに制作されている。現代の日本において、西洋音楽の文化的背景やその楽曲構造について一定程度の知識をもっておけばポピュラーミュージックについての理解が深まる、と言えるかもしれない。子どもが日常的に触れる音楽を分析的に聴取できるようになるのであれば、西洋音楽の仕組みについての教育は「良い音楽科教育」を構成する重要な要素であるようにも思える。

しかし、以上のような言説は、全て「良い音楽科教育」について関わるものでありながら、周縁的な議論にしかなり得ない。なぜなら、「良い音楽科教育」について議論するためには「音楽科教育の目的」を共有する必要があるからだ。目的を共有せずして教育の「良さ」を議論することはできない。そして、広く共有される「音楽科教育の目的」を打ち立てるには、必然的に「音楽科教育の存在意義」について論じる必要が出てくる。音楽科教育は何のために存在しているのか。義務教育課程にある全ての子どもに音楽科の授業を提供することの必然性はどこにあるのか。このことを考慮しない限り、「良い音楽科教育」について体系的に語ることは難しいだろう。

音楽科教育における目標論、内容論、方法論

もしかしたら、「音楽科という科目は現実に存在するのだから、音楽科の存在意義なんて今更考える必要はないのでは」と思うかもしれない。また、「音楽科教育の目的は学習指導要領に書かれているのでは」と考える人もいるかもしれない。しかし、筆者は「良い

音楽科教育」を実現するためには教師自身が自分の言葉で「音楽科教育の存在意義」について論じることができなければならない、と考えている。音楽科教育が法に守られながら現実に存在しているという事実に甘んじることなく、また学習指導要領の文言に過度に依存することなく、音楽科教育が全ての子どもにとって必要であることを教師自身が確信することができれば、それは「良い音楽科教育」の実現に近づく重要な契機になる。

具体的に中学校音楽科の授業の場面を思い浮かべてみよう。中学校の音楽科は学校教育法施行規則第七十二条によって教育課程への設置が義務付けられている。したがって、どんなに子どもが音楽に興味をもっていなかったとしても、授業自体をやらないわけにはいかない。そのような場合、極端に音楽科の授業を嫌う子どもに、「音楽なんてやらなくても生きていけますよね？　そもそも私たちは普段から好きな音楽を聴いています。なんで学校で興味を持てない曲について勉強しなければならないんですか？」と言われたらどう回答するだろうか。

言うまでもないことだが、「義務教育なのだから、ルールはルールなのだから我慢しなさい」といって無理やり学習に向かわせるような対応は「良い音楽科教育」とは言えないだろう。あるいは「学校教育法施行規則第七十二条に書いてあるんだから」といって条文を見せるような対応は、軽薄な論破にはなり得ても「良い音楽科教育」の実現からは遠のくだろう。そして、実際問題として、音楽を義務教育課程で学ばされることに疑問をもっている子どもは決して少なくない。教師は子どもが納得できる形で、義務教育課程に音楽科が必要である理由、すなわち「音楽科教育の存在意義」について論じることができなければならない。

同様に、「学習指導要領に書かれているから学ばなければならないのだ」という説明も子どもにとって納得感のあるものにはなり得ないだろう。そもそも、学習指導要領に書かれているのは目的ではなく目標であり、この目標は音楽科の目的、すなわち「音楽科教育の存在意義」を論証するには至っていないのである。そのことを文部科学省の資料を参照しながら確認しておこう。

平成二十九年告示の現行学習指導要領には「何ができるようになるか」「何を学ぶか」「どのように学ぶか」という三つの視点で学校教育を再編しようとする発想が根底にある[1]。「何ができるようになるか」を構成するのは三つの資質・能力、すなわち「知識・技能」「思考力・判断力・表現力」「学びに向かう力・人間性」である。学習指導要領に掲げられる各教科の「目標」がこれらの資質・能力に依拠して設定されていることは周知の事実だろう。「何を学ぶか」は教科の内容に当たる。学習指導要領の「内容」に記載されている対象や、教科書等に掲載されている教材がこれに該当する。音楽科では例えば歌唱共通教材や「音楽を形づくっている要素」等も「何を学ぶか」に関わるものである。そして「どのように学ぶか」については、「主体的・対話的で深い学び」が強調されているのが現行学習指導要領の方向性だ。

従来の教育に関する議論やその影響を受けた旧学習指導要領は「何を学ぶか」に重心が置かれていた。これはコンテンツ・ベースの教育観と呼ばれている。一方、現行学習指導要領では「何ができるようになるか」という資質・能力がより上位に位置付けられ、コンピテンシー・ベースの教育が標榜されるようになった。これらを総括して、学習指導要領の改定に関わった奈須正裕は、「何ができるようになるか」を目標論、「何を学ぶか」を内容論、「どう学ぶか」を方法論として位置づけた上で[2]、カリキュラム・マネジメントの主体としての教師が内容論や方法論のみならず目標論にも積極的に関与しながら教育実践を行うことの必要性を主張した[3]。

現行の学習指導要領の狙いやカリキュラム・マネジメントの意義、そしてそれらを再整理した奈須の主張はよく理解できる。学校教育でベートーヴェンの《交響曲第5番》を取り扱うべきか、という議論は内容論であるが、内容論に関する議論は目標論についての議論を前提とする。《交響曲第5番》の第一楽章は、「主題動機労作の技法について理解する」という目標にアプローチする上では有益な教材となりうるかもしれないが、「ソナタ形式について理解する」には長すぎるし複雑すぎる、といってもいいかもしれない。「ソナタ形式について理解する」ことを目標にするのであれば、クレメンティの《ソナチネ》のようなコンパクトな楽曲の方が教材として適切だとも言えるだろう。あるいは、より目標論優位の発想で内容論にアプローチするのであれば、本来は「ソナタ形式について理解する」のに最適な楽曲を教師や教科書作成会社が作曲すべきなのだろう。ソナタ形式についての概念的理解をもたらすための教材が西洋音楽史上の名曲である必然性は全くない。《交響曲第5番》の教材としての適切性に関する内容論的議論は、その授業の目標次第でいかようにも結論できる。内容論的議論は授業の目標というミクロな視点においての目標論的議論を必要とする。そして、「ソナタ形式について理解する」という授業の目標の妥当性は、それが長期的にどのような資質・能力の育成に寄与するのか、というマクロな視点においての目標論的議論を前提とするのである。また、鑑賞の授業の中にグループ学習の時間を設けるべきかどうかという議論は方法論であるが、これも内容論や目標論を前提にしなければ無意味なものになるだろう。単純な「知識・技能」の獲得を目標とする授業であれば個別にタブレットに向き合って集中して学習したほうが効果的かもしれないし、より応用的な「思考力・判断力・表現力」の獲得を目標とする授業であればグループでのディスカッションを取り入れた方が有益かもしれない。内容論と方法論は、目標論を下敷きにして語られなければほとんどの場合無益なものとなる。

そのような目標論、内容論、方法論の具体を行政が中央集権的に一括管理することは現実的ではない。教科書は学習内容の多くを決めているが、とはいっても教科書の活用方法は開かれているし、補助教材の使用も可能である。以上のような状況を前提とした時、「《月に憑かれたピエロ》は授業で取り扱うのにふさわしい／ふさわしくない」とか「《交響曲第5番》はソナタ形式について教えるべき教材なのであって主題動機労作を教えるのには使ってはいけない」とか「《魔王》を教材に取り扱う際は必ずグループワークをさせなければならない」のように、文部科学省が目標、内容、方法を一律に規定することはむしろ無作法といえるだろう。だからこそカリキュラム・マネジメントの発想が必要になる。今日の教師や学校は、独自に目標論的、内容論的、方法論的妥当性を模索しながら子どもの実態にあった教育を実行することが期待されているのである。

音楽科教育における「良さ」の判断―目的論の必要性

しかし、ここで一つの疑問が生じる。目標論、内容論、方法論を含めて学校や教師がカリキュラム・マネジメントをするのだとしたら、我々は何を拠り所にしてそれらの妥当性を判断すればよいのだろう。内容論と方法論の妥当性は目標論を前提にすることで判断できるが、目標論の妥当性はどのようにして判断すればよいのだろうか。

後述するように、日本の公教育における音楽科教育の目標論を司る学習指導要領の「目標」は、非常に抽象的な記述にとどまっている。この抽象性に関しては、文部科学省の怠慢というよりも、教育の実行可能性に幅を持たせるための余白としてポジティブに捉えることが可能だろう。個別具体の教育実践の場において「何ができるようになるか」という目標は教師や学校が子どもの実態に合わせて比較的自由に設定できることになっているのである。しかし、ではどのような目標であれば「良い」といえるのか、その判断規準は現状存在しないことになる。

例えば中学校学習指導要領音楽編には「知識・技能」に関する目標として「曲想と音楽の構造や背景などとの関わり及び音楽の多様性について理解するとともに、創意工夫を生かした音楽表現をするために必要な技能を身に付けるようにする」[4]という文章が掲げられているが、「音楽の多様性」の理解や「創意工夫を生かした音楽表現」に必要な技能という文言は非常に多様に解釈できる。

具体的に、滝廉太郎の《花》を教材（内容）に「創意工夫を生かした表現をするための技能（目標＝資質・能力）」の獲得を目指す授業を考えてみよう。学習指導要領の目標は、「創意工夫を生かした表現をするための技能」の実態が、「音楽大学の声楽の授業で教わるような楽譜の指示に厳密に依拠したオーセンティックな表現を実行する技能」なのか、それとも「生徒の趣味趣向に合わせて例えばラップで hip-hop 風に表現する技能」なのか、明確には示していない。「創意工夫を生かした音楽表現」の範囲を規定する文言は目標にはないのである。学習指導要領の「内容」まで読み進め、さらに「思考力・判断力・表現力」に関する文言まで考慮するのであれば、「曲にふさわしい歌唱表現を創意工夫すること」[5]と記載されていることを確認できるが、「曲にふさわしい」の具体は明示されていない。「楽譜通りに演奏することが作曲家への敬意でありオーセンティックな音楽学習である」という従来的音楽教育観は、ヨーロッパ地方で過去に隆盛した西洋音楽という民族音楽のマナーに則った再現芸術的目標論であり、日本における音楽科教育の目標論にそのまま適用可能なわけではない。旋律を改変したとしても、原曲のピアノ伴奏と歌詞を用いていればそれはそれで「曲にふさわしい」と言えるかもしれない。近年のhip-hopやK-popにおけるサンプリングの文化は、《カルメン》の〈ハバネラ〉等有名楽曲の旋律をポピュラーミュージックに改変しながら引用することで、原曲に付与されていたコノテーション（含意、暗黙の意味）を積極的にずらし、その差異から新たな意味と価値を生み出している[6]。このようなクリエイティヴィティのあり方を鑑みると、歌唱共通教材を取り扱う場合でさえも、目標論はカリキュラム・マネジメントの主体である教師や学習の主体である子どもに開かれている、とも言えるだろう。

このように、音楽科は非常に多様な目標を設定することができる。しかし、だからといって全ての音楽科教育実践を「良い」と言い得るわけではない。《花》をラップ風に歌うことをも許容するような音楽科の授業が「良い音楽科教育」になる場合もあれば、そうでない場合もあるだろう。例えば、生徒に《花》の歌詞や伴奏の西洋音楽的構造、そしてそれらの文化的背景にも興味を持たせ、まさに和洋折衷的日本歌曲とhip-hopをマッシュアップする発想でラップ的表現を目指させる目標を立てたのだとしたら、そのような高度な目標設定は「良い音楽科教育」に資すると言えるかもしれない。逆に、単に生徒が《花》

を歌うことに興味を持ちそうにないという消極的な理由で旋律線を放棄させただけなのだとしたら、それは「良い音楽科教育」に迫る目標とは言えないかもしれない。目標の妥当性は常に状況に左右される。

音楽科教育に限らず、教育は極めて状況依存的である。しかし、だからといって終わりなき相対主義を悲観することが本書の趣旨ではない。私たちは、特定の状況において、《花》をラップ風に歌うことをも許容するような授業実践およびその目標設定を「良い」と確信することもあるだろう。また逆に、《花》を厳格に楽譜通りに歌唱させるような授業実践およびその目標設定を「良い」と確信することもあるかもしれない。私たちに必要なのは、「歌曲は楽譜通りに歌わせるのがいいに決まっている」のような根拠の不確かな固定観念を捨て、音楽科教育における状況依存的な「良さ」の成立条件を丁寧に問うていくことである。

教育哲学者の苫野一徳は、『学問としての教育学』の中で、「これは良い教育だ」という「確信・信憑」が成立する条件を問い合うことで、教育のような状況依存性の高い営みにおいても「良さ」という規範について定義することができる、ということをエトムント・フッサールの現象学に依拠しながら力強く論じている[7]。つまり、それぞれが「これは良い教育だ」という確信に至った理由を相互に開示し合い、「良さ」の実態を弁証法的に議論していくことで、最終的に「良い教育」についての共通了解を作ることができる、ということだ。そして、「良い音楽科教育」についてのクリアな像が結ばれれば、音楽科教育が存在しなければならない理由、すなわち目的論はおのずと構築されるはずだ。

苫野は、同書において教育学を哲学部門、実証部門、実践部門に分けた上で、それぞれの部門についてのメタ理論を構築した。これは音楽科教育を含むあらゆる教育学研究および教育実践の「良さ」について論じる上で有用な理論であるが、その全てを導入することは本書の範囲と筆者の実力を超える。そこで、本書では、苫野が構築した現象学的教育学構想をもとに、筆者が「良い」と確信する音楽科教育の在り方をその「確信成立の条件」[8]とともに論じることを目指す。筆者は、本書の執筆に当たり、「良い音楽科教育」の在り方についての一つの確信をもっている。それを単に「良い音楽科教育とはこういうものだ」と結論だけ示してしまっては反証可能性がない。そのような論は筆者のエゴイスティックな主張に過ぎず、読者が「良い音楽科教育」について深く論考することを促進するような材料にはならないだろう。しかし、筆者が確信した「良い音楽科教育とはこういうものだ」というテーゼをその確信に至った理路とともに丁寧に語ることができれば、筆者の構想する「良い音楽科教育」は読者によって反証され、さらなる「良い音楽科教育」についての議論を生む。

そして、筆者が「良い音楽科教育」の確信に至ったその理路を示すことは、必然的に音楽科教育の目的論、すなわち、なぜ音楽科教育が必要なのか、という「音楽科教育の存在意義」についての一つの可能性を示すことにつながる。なぜなら、筆者の確信する「良い音楽科教育」が多くの人によっても「良い」と判断されるのであれば、それは「音楽科教育の存在意義」に根ざしたものであるはずだからだ。たたき台としての目的論があれば、それに共感する読者は筆者の目的論に依拠することで学習指導要領が示す大綱的な目標を素材にしながら「良い音楽科教育」を実現するための目標論を作ることができるだろう。あるいは、筆者が提示する目的論に異議があれば、「この目的論には問題点がある」という「確信」になぜ至ったのか、読者自身がその「確信成立の条件」を内省的に確かめればよい。そうすることで読者は自身が何を「良くない音楽科教育」だと捉えているのか自覚できる。そこから最終的に読者自身が「良い」と確信する音楽科教育の在り方に迫ることができれば、新たな目的論が打ち立てられるだろう。そのようにして音楽科教育に関する目的論的議論の土壌が醸成されるのである。

本書の問いはある意味シンプルである。なぜ子どもたちは「音楽の多様性について理解」[9]しなければならないのだろうか。なぜ子どもたちは「創意工夫を生かした音楽表現をするために必要な技能」[10]を身に着けなければならないのだろうか。これらの知識・技能は、全ての子どもたちが豊かに生きるために必要不可欠だと言えるだろうか。このような目的論的問いを重ねていくことが、「良い音楽科教育」を実現するための重要な一歩となる。そして、本書は、目的論的議論を進める際に活用可能なたたき台としての試論を提出しようと試みるものである。

ここまでの内容を一旦まとめよう。学習指導要領における目標の大綱性やカリキュラム・マネジメントの概念は、教師に積極的な目標論的議論を要求しているといってよいだろう。しかし、その目標論的議論の指針となる「音楽科教育の存在意義」すなわち「何のために音楽科教育は存在しているのか」という目的論に関しては現状あまりに未整備である。逆説的に、「音楽科教育の存在意義」に関する目的論を整備しない限り、目標論、内容論、方法論に関する有益な議論をすることは困難になり、「良い音楽科教育」について論じ実行すること自体ができなくなってしまう。その意味で、「音楽科教育の存在意義」に関する目的論を形成することは、喫緊の課題であると言える。

目的論的議論のための視点① 音楽科教育に求められる公共性

とはいっても、音楽科教育の存在意義を論証することは難しい課題である。音楽教育哲学者の今田匡彦が指摘するように、音楽科教育の存在意義については、教育現場で常に他教科以上に問題になってきた[11]。なぜなら、音楽科教育が取り扱う内容は人間が資本主義社会・民主主義国家に生きるうえで必ずしも必要とは言えないものだからだ。確かに、教科教育を通して西洋音楽についての知識を身につけることができれば、将来気まぐれで聴きに行ったコンサートをより楽しめるかもしれない。しかし、このような「余暇の充実」を根拠に音楽科の存在意義を説明しようとするロジックは極めて脆弱だと言わざるを得ない。余暇を充実させる方法は音楽である必要はないし、また学校教育で一般的に扱われるような内容が、多くの日本人が「余暇の充実」のために触れているアイドルやロックの音楽を楽しむうえで必ずしも必要だとは限らない。音楽科は現に存在しているが、「なぜ音楽科が存在しなければならないのか」という問いに対して納得感のある回答を提出することは多くの人にとって難しい。

そこで、本書では「音楽科教育の存在意義」について二つの視点からアプローチすることを試みる。その二つの視点とは、「音楽科教育に求められる公共性」と「音楽の特殊性に根ざした音楽科教育固有の価値」である。それぞれ確認していこう。

まずは「音楽科教育に求められる公共性」について考えてみたい。「良い音楽科教育」について考える際、私的なクラシックピアノ教室と公教育における音楽科教育の違いについて思考実験をすることは有用だろう。クラシックピアノ教室において実践される音楽教育は、クラシックピアノを学びたいという意志をもった人が学習者であることを前提として実践される。世の中にはクラシックピアノ以外にも有益な習い事が存在する。その学習者はジャズサックスを習うことも、三味線を習うことも許容されていたはずだ。もっと言えば、英会話でもフィギュアスケートでもプログラミングでもパーソナルジムでも良かったはずである。しかし、学習者が自ら他でもないクラシックピアノを選択していることが、様々な指導を正当化する。より直接的に言えば、その学習者にとっての「クラシックピアノレッスンの存在意義」を問う必要性がなくなる。その学習者は、クラシックピアノの演奏技法やクラシック音楽に関わる歴史的知識を身に着けたいと主体的に選択したのである。この場合、クラシックピアノ教育の存在意義よりも学習の権利と資本主義的消費の原理が先立つことになる。教育の存在意義に関わる問題は、ここではピアノレッスンという私的な音楽サービスにおける需要と供給の関係性に吸収される。

しかし、公教育における音楽科教育はそれとは事情が異なる。公教育とは、原則として日本に住む全ての子どもが参加することになっている場であり、そこには基本的に選択の自由がない。したがって、公教育における教科の必然性は、「日本に生きる全ての子どもの今や将来にとって価値あるもの」でなくてはならない。そして、それは国語や算数といった「資本主義社会・民主主義国家に生きるうえで役に立ちそうな科目」のみならず、音楽科のような「資本主義社会・民主主義国家に生きるうえで役に立つとは必ずしも言い難い科目」においても同様である。上述したような「余暇の充実」のロジックが「音楽科教育の存在意義」の論証に無力なのは、「日本に住む全ての子どもにとって価値がある」という公共性を備えていないからである。音楽科教育の存在意義を論証するには、「日本に住む全ての子どもの今や将来にとっての価値」を指摘しなければならない。

目的論的議論のための視点② 音楽の特殊性に根ざした音楽科教育固有の価値

そして、もう一つの視点は「音楽の特殊性に根ざした音楽科教育固有の価値」に関するものである。「音楽科教育の存在意義」を論証するうえでは「音楽科教育固有の価値」を示す必要がある。例えば、「音楽科は合唱活動をさせることでクラス全体での協働経験を組織することができる。音楽科の存在意義は協働経験を担保できることにある」という論があったとしよう。この存在意義に関する主張が貧弱でナイーヴに感じられるのはなぜだろうか。それは端的にいって「協働経験の担保」は他教科でも可能だからだ。例えば体育科では音楽科と同様かそれ以上に協働的な学習活動が行われる。音楽活動をしなくても協働経験を組織できるのだとしたら、協働経験を根拠に「音楽科教育の存在意義」を立証することは難しい。そもそも、協働経験それ自体が目的なのであれば、音楽科ではなく「協働経験科」という名のもとにあらゆる協働的活動に取り組ませるのが合理的だということになってしまう。音楽科の存在意義を立証するには「音楽科教育固有の価値」を見い出す必要がある。

そうすると、当然ではあるが、音楽科が依拠している「音楽」とはなにか、という問いが生じる。音楽とはなにか。この問いに対して多くの先人が挑み、そして核心に触れられることのないまま今日に至っている。本書もこの問いに向き合う必要があるわけだが、その際に留意しなければならないのは、我々が最終的に明らかにしたいのは「音楽科教育における音楽」の定義なのであって「音楽」全般の定義ではない、という点である。音楽全般の定義に関わる諸研究を参照することは音楽科教育について考えるうえでも大変有意義ではあるが、「音楽」の定義が「音楽科教育で実践されるべき音楽」の定義とイコールではないことは確認されなければならない。なにより、ここ数十年の音楽学研究は、「音楽とはなにか」という問いに対して簡潔に回答することが非常に困難であることを示唆している。

「音楽とはなにか」という問いに対するアプローチとしては、世界中に存在する音楽的現象に共通する要素をピックアップする、といういわゆる普遍項（universals）研究がある。人間が「音楽」という言葉を用いる前から音楽らしき現象が存在していたのだとしたら、「音楽」という言葉の定義を探ったところでその現象の本質にはたどり着けない。それよりも「現在音楽として命名されている営為を集めて分析し、その共通項を抽出する」という普遍項研究の方が、実際的現象に向き合おうとしている点である意味妥当なのかもしれない。しかし、世界の音楽的現象はあまりに多様なので、それらを収集した結果そこから帰納的に導かれるのは「世界中の音楽ではピッチが離散的に用いられる」とか「リズムと拍節の組織構造がある」のような、重要ではあるが当然とも言える物理的諸特徴である[12]。

また近年では、クリストファー・スモールによるミュージッキング（musicking）の概念によって、音楽を行為や出来事として捉える発想も主流になってきた（詳しくは第一章で解説する）。スモールは、「音楽＝作品」だとするモノ的音楽観の偏狭さを指摘し、「音楽とは人間の行為なのだ」と力強く指摘する。スモールの言説によって、音楽は出来事としての価値と身体性を取り戻すことに成功した、といってよいだろう。

しかし、これらの知見は、公教育の文脈で音楽を定義する試みにおいて核心には触れていない。これらは「世界中の音楽にはピッチがある」とか「世界中の音楽には行為や出来事の側面がある」といった具合に「現存する音楽の部分的性質」を説明するに留まっており、「音楽の本質に関わる演繹的命題」を示すには至っていないのである。

例えば、ハンバーガーチェーン店のマクドナルドでフライドポテトが揚げられる時に鳴らされる「GFG　GFG……」という一連の音高の連続は果たして音楽だと言えるだろうか。普遍項研究の知見を借りて「ピッチが離散的に用いられている」ことを根拠にあの音群を音楽だと認定することもできるのかもしれないが、おそらく多くの人は同意しないだろう。あるいは、木製のテーブルの上にカフェオレの入ったマグカップを置いた時に生じた「コンッ、チャプッ」という一連の音響は音楽だと言えるだろうか。音が発されるに至った経緯は紛れもなく人間の行為であり出来事であるが、おそらく多くの人はこれをミュージッキングだと見なさないだろう。それはなぜだろうか。このような身近な問いに対して、右記の言説は明示的な答えを提示してくれない。現行の学習指導要領にも「音を音楽へと構成していく」[13]という記述が存在するが、ジョン・ケージの《4分33秒》という作品が音楽だと見なされる現代において、音と音楽を区別するその分水嶺を明らかにすることなどできるのだろうか。この謎を解明しない限り、音楽科教育固有の価値を論じる上で有用な音楽の定義を導くことはできない。

では、音楽科教育は音楽をどのように定義すればよいのか。筆者は、音楽科教育における音楽を定義するためには、普遍項研究に代表されるような「現在世界で音楽だと見なされている現象の客観的特徴はなにか」という記述的な問いから、「『良い音楽科教育』を実現するためには音楽科教育において何を音楽だと見なすべきか」という規範的な問いへと視点をシフトすることが重要だと考えている。

世界中の音楽的現象を分析して「音楽」の普遍項を導き出そうとする営みは、そもそも「研究者が音楽だと認定したもの」を対象にしている点で一種のバイアスがかかっている。

マクドナルドでフライドポテトが揚がった時に聞こえる音は、はじめから普遍項研究の対象にされないだろう。記述的問いによって音楽を定義しようとする試みは、これから子どもたちによって生み出されるかもしれない音楽や、子どもたちが発見するかもしれない音楽をその定義の対象から排斥している。また、スモールはコンサートホールの清掃夫も音楽パフォーマンスの実現に寄与している点で出来事としての音楽（ミュージッキング）に関わっていることを指摘したが[14]、では音楽科の授業の中でコンサートホールの清掃をさせるのは「良い音楽科教育」だといえるだろうか。記述的問いによって明らかにされる世界の音楽の諸特徴は、音楽科教育について考える上で重要なヒントになるが、その諸特徴をなぞることが「良い音楽科教育」の実現に直結するわけではない。

重要なのは、現存する音楽の記述的特性を十分に踏まえたうえで、「公教育という特殊な状況にある音楽科教育は何を音楽と見なすべきか」という規範的問いに答えることである。フライドポテトが揚げられた時に奏でられる「GFG」の音群が音楽かどうか、客観的に吟味したところで音楽科教育に対して大きな意味をもたない。私たちは、「フライドポテトが揚がった時に奏でられる音は、公教育としての音楽科教育において音楽と見なされるべきか（あるいは見なされないべきか）。その判断はどのような理路によってもたらされるのか」と問わなければならないのである。

子どもたちが教室の中で生み出す音楽は、世界に現存する音楽と確かな関係性を持ちながらも、公共的な独自性を有していてしかるべきである。「音楽科教育固有の価値」は、世界の音楽に固有の価値と同義でもないし、「世界中の音楽文化で実施されてる教育的営為に固有の価値」と同義でもない。「音楽科教育固有の価値」は、世界中の音楽をメタに捉えながら、公共性の中で音楽するという音楽科教育独自の営みに内在する価値として論じられる必要がある。したがって、世界中の音楽を分析することによって得られる普遍項は、音楽科教育において実践される音楽の必要十分条件ではない。「音楽科教育固有の価値」は、「音楽科教育に求められる公共性」と相補的に定義される。そのような価値観を積極的に打ち立てることが「音楽科教育の存在意義」を示すことにつながる。

補助的視点① 中心的な親学問の不在

ここまでに示したように、「良い音楽科教育」について論じるためには「音楽科教育の存在意義」に関する体系的な目的論が必要になる。そして、「音楽科教育の存在意義」を示す上で重要になるのが、「音楽科教育に求められる公共性」と「音楽の特殊性に根ざした音楽科教育固有の価値」という二つの視点である。

しかし、音楽科教育はなぜこうもややこしいのだろうか。国語、数学、理科、社会、体育等の科目は、日本で健康的・文化的・社会的に生きていく上で一定程度必要だといえそうだし、科目固有の価値についても音楽科ほどは疑われていないといっていいだろう。だからこそ教科として成立しているのである。ではなぜ音楽科については、その公共性や科目固有の価値について今更改めて考えなければならないのだろうか。

それは端的にいって、音楽科という科目には中心となる親学問が存在しないからである。親学問とは、その教科の基礎を支える学問領域（discipline）のことだ。例えば数学科や物理科は教科名に親学問の名が冠されているのでわかりやすい。教科教育は基本的に特定の学問領域に依拠して組織される。言い換えれば、教科教育とは、親学問を探求する上で必要になる学問領域固有の本質的思考を発達段階に配慮しながら子どもに身に着けさせようとする営みなのである。

では音楽科の親学問とは一体なんだろうか。例えば音楽学（musicology）は世界の音楽を分析しその実態を問う学問なので、音楽科の学習内容に重要な貢献をしている学問である。また美学（aesthetics）は、美や芸術、感性について問うてきた学問で、それに依拠して音楽科を構成することもできるだろう。加えて、学問という呼称が妥当かどうかは別としても、一流プレイヤーたちが蓄積してきた演奏に関する身体知も音楽科の学習内容を支えている。

しかし、どの学問も音楽科教育の親学問になりうるかと問うてみるとやや畑違いな感が否めない。音楽科教育は職人的演奏家養成の場ではないので、「プロ演奏家がやっている修練」を強いる場でもない。ましてや演奏のプロは音楽に触れながら「豊かな情操を培おう」などとは考えない。「美とはなにか」について考えさせるような美学的な授業があってもいいかもしれないが、美学が哲学の一ジャンルであることを考えると、どちらかというとそれは国語科的なアプローチかもしれない。また、音楽学は最も音楽科教育的だと言えそうだが、音楽学的な学問探求の姿勢をもって音楽について考えることが義務教育課程に属する全ての子どもに必要か、と問われると少々迷ってしまう。直接的に言えば、「幅広い音楽を演奏したり聴いたり作ったりする経験自体を大事にしながら音楽を探求し、ついでに感性も豊かにしようと試みる」ような学問領域は現実には存在しないのである。

数学科において四則演算ができることは重要だ。なぜならその四則演算は数学についての本質的思考をする上で不可欠なスキルだからだ。だからこそ、掛け算九九についての学習は単なる丸暗記に終止することなく本質的な数学的思考が育まれるような方法で教えられなければならない。同様に、物理において摩擦の概念を知っていることは重要だ。なぜなら摩擦の概念は物理学についての本質的思考をする上で不可欠な知識だからだ。だからこそ、摩擦についても公式の丸暗記ではなく本質的な物理学的思考が育まれるような方法で教えられなければならない。

では「音楽」という茫漠とした領域における本質的思考を支えるためのスキルとはなんだろうか。そもそも「音楽」を支える本質的思考とはなんだろうか。音楽に関わるあらゆる諸学問が、「音楽」を定義できずにいる。結果、音楽科教育の親学問が何なのか、音楽科における本質的思考とは何なのか、不明瞭になっているのである。

音楽科教育の実態は、音楽に関わる諸学問のそれと大きくかけ離れている。そして、筆者の考えでは、音楽科教育とは特定の親学問を想定していないからこそ創造的なのであり、だからこそ教師自身による目的論形成が重要になるのである。音楽科教育は、世界に存在する音楽実践やそれにまつわる学問とは必ずしも一致しない形で音楽という謎の現象を子どもと共有する営みである。それゆえ、音楽科教育における音楽の実態を捉えるには、公共性や音楽固有の価値といった観点を持ち出す必要がある。中心的な親学問が不在であるというこの事態は、音楽科教育に携わる者へ自律的思考を要求しているのである。

補助的視点② 学習指導要領の創造的解釈

目的論的議論をするための視点として、最後にあくまで補足として学習指導要領の解釈についても触れておきたい。先述したように、学習指導要領は「音楽科教育の存在意義」を示していない。カリキュラム・マネジメントの概念が示すように、教師は自ら目的論を打ち立て、それをもとに目標論、内容論、方法論を構築していく必要がある。学習指導要領はそのための参考資料に過ぎない。学習指導要領は記載内容自体がそもそも非常に大綱的であり、言ってしまえばどのような音楽教育実践も許容されるような書き方がされている。解説に至っては法的拘束力もないので、本文の解釈可能性に関する文部科学省からの提案でしかない。したがって、学習指導要領に掲載されている文言や解説にある記述の解釈を巡って議論をすること自体に筆者はあまり価値を感じていない。どのような教育実践であれ、妥当な音楽科教育の目的論に照らした時に「良い」と確信されるのであればそれは実行されるべきだし、そのような実践を学習指導要領上の文言を使って価値付け、適切に評価することは可能なはずだ。学習指導要領の本文はそれほどまでに大綱的に、柔軟に書かれている。

いま筆者は、「自身が良いと確信した音楽科の授業を学習指導要領上の文言を使って価値付ける」と述べた。これは、カリキュラム・マネジメントの主体としての教師が学習指導要領に束縛されることなく自律的に音楽科教育を思考・実践し、その上で学習指導要領の語彙を共通語として活用しながら音楽科教育に対する建設的議論を展開していく態度を意味している。しかし、一部の現場や教師コミュニティには、「各教師が良いと確信した音楽科教育実践」ではなく「伝統的に良いとされてきた音楽科教育実践」を目指さなければならないかのような統制的な雰囲気があるようだ。このような事態に筆者は強い危機感を覚えている。「良い音楽科教育とはなにか」「音楽科教育の存在意義とはなにか」という目的論的議論を一切しないまま、「学習指導要領の慣例的解釈」に基づく表面的な授業メソッドだけを継承させていくような若手指導や研究授業は、教師個人の創造性を奪うに等しい所業であろう。

例えば「知覚と感受」のロジックが過度に強調されるのはその代表例である。確かに学習指導要領の「共通事項」の欄には「知覚したことと感受したこととの関わりについて考えること」[15]と書かれてある。しかし、「知覚したことと感受したこととの関わりについて考えること」はなぜ重要なのだろうか。それは「良い音楽科教育」の実現にどのように関わってくるのだろうか。もしかしたら、学習指導要領の作成者は「知覚したことと感受したこととの関わりについて考えること」が「良い音楽科教育」につながるという「確信」をもっていたのかもしれない。しかし、我々にはそのような「確信」に至る理路、すなわち「確信成立の条件」が開示されていない（学習指導要領の解説に論文や学術書が引用されていないことがこの混乱の最大の元凶だと筆者は考えている）。そして、その「確信」に至る理路に対する理解と共感がないまま、盲目的に「知覚したことと感受したことを分けてワークシートに書かせる」ような授業は「良い音楽科教育」とは言えないだろう。そして、大学教員や指導主事が「知覚したことと感受したこととの関わりについて考えること」がなぜ「良い音楽科教育」だと言えるのか自身で説明できないまま、学生や若手教師に「知覚したことと感受したことを分けてワークシートに書かせなさい（なぜなら学習指導要領にそう書かれているからです）」と指導することには、もはや倫理的な問題があると言ってよい。そもそも「知覚」も「感受」も認知科学の文脈において妥当な用語とは言い難いのである。学習指導要領で言及されている「知覚」とはおそらく一般的な用語法においての認知であるし、「感受」に至っては残念ながら筆者は該当する精神の働きを想起できない。これは単に筆者が浅学であるというだけではなく、これまで「知覚と感受」という言葉の意味が確かめられようとはしてこなかった、ということだろう。そのような風土を醸成してしまった根本要因は、やはり音楽科教育における目的論の不在であると言わざるを得ない。

学習指導要領は法的拘束力を持つ。したがって、それを遵守することは重要である。しかし、我々は学習指導要領を「良い音楽科教育」を実現するための参考資料として創造的に解釈することも可能なはずだ。ポスト構造主義の思想家ロラン・バルトが「作者の死」で指摘したように、「読む」という行為は作者が定めた正解を見つけ出す受動的なものではない[16]。むしろ、テクストから新たな意味を生成する能動的で創造的な行為である。音楽科教育に携わる者は、「学習指導要領に書かれてある正解」を探すのではなく、学習指導要領というテクストを能動的・創造的に読むことで「良い音楽科教育」の実現を目指すべきである。そして、学習指導要領には、そのような創造的な「読み」を許容するだけの柔軟性がある。何より、文部科学省が学習指導要領を「大綱的な基準」であると認めた上で、「創意工夫を生かした特色ある教育課程を編成・実施」するよう求めているのである[17]。筆者は、目的論不在のまま「学習指導要領の慣例的解釈」に拘泥する人ほど、学習指導要領の本文それ自体をよく読んでいないのではないかと考えている。学習指導要領には、音楽科教育の目的・目標・内容・方法について断定的なことがほとんど書かれていない。それらは全て読者に開かれているのである。

本書の構成

ここで本書の構成を示しておこう。本書は、「音楽科教育の存在意義」や「良い音楽科教育」についての筆者の「確信」を、その「確信成立の条件」とともに示そうとするものである。単に筆者の考えを述べるのではなく、筆者の目的論が構成されるに至った思考の軌跡そのものを開示することで、読者とともに「良い音楽科教育」について考えることが可能になる。そのためには、筆者が自らの論の構築にあたって影響を受けた思想家の言説を丁寧に示していくのがよいだろう。

第一章では、「音楽への記述的接近」と題して「現在世界で音楽だと見なされている現象の客観的特徴はなにか」という視点から音楽について論じたスモールとエリオットの思想を取り上げる。彼らの思想を概観することは、世界の音楽に対する我々の凝り固まった視点をほぐすうえで非常に重要になる。そして、この章では彼らの思想を参照するのみならず、そこから抽出される音楽観あるいは音楽教育観の問題点についても検討していく。具体的には、教育における教師と学習者の権力関係に注目したフレイレ、その権力関係の歪さを音楽独特の特性とあわせて論じたアルサップ、そして、音楽教育に対して記号論的なヒントを与えてくれるソシュールの言説を参照する。本章では、世界の文化に存在する音楽や音楽教育にどのような記述的特徴があるのか批判的に検討することで、「良い音楽科教育」について考える上での基盤を築く。

続く第二章「音楽への規範的接近」では、「『良い音楽科教育』を実現するためには音楽科教育において何を音楽だと見なすべきか」という視点から、「あるべき音楽科教育」を考える上でヒントになる思想家たちの言説を取り上げる。公教育における「良い教育」を真正面から問うたビースタ、サウンドスケープという理念を打ち立てることで音楽教育に提案性のある思想を残したシェーファー、そして独創的なカリキュラムでまさに「音楽とはなにか」を模索したマンハッタンビル音楽カリキュラムプログラム（ＭＭＣＰ）は、音楽科教育の目的論に迫る上で重要な知見を提供してくれる。シェーファーとＭＭＣＰについては実際の授業でも活用可能な実践のモデルを残している点でも重要だ。本書でもいくつかの実践例について紹介したい。加えて本章の最後では、「音と音楽の違い」に関する考察も行う。「音と音楽の違い」を客観的に実証することは難しいが、それでもこの問題を解決しない限り、公教育の場における音楽のあるべき姿を導くことはできない。ここでは、「音と音楽の違いを決定する権利を持っていたのは誰か」という視点からこの問題にアプローチすることで、音楽科教育における音楽の定義について論考する。

そして第三章「音楽科教育の目的論に関する試論」では、第一章と第二章で確認した知見を総動員しながら、いよいよ音楽科教育はなぜ存在しなければならないのか、という音楽科教育の目的論に迫る。日常的に音楽に触れることのできる子どもたちに、なぜ教科教育を通して音楽を教えなければならないのか。単なる相対主義に陥らず、たたき台としての目的論を提出する。ここでは、音楽に対する記述的・規範的な知見を再整理しつつ、苫野が論じる公教育の存在意義である「〈自由〉および〈自由の相互承認〉の実質化」に照らしながら、音楽科教育の存在意義についての筆者なりの試論を提出する。

第四章では、「メタ音楽としての集団即興演奏」というタイトルで、音楽科教育の存在意義に根ざした音楽実践について論じる。具体的には、筆者が数年かけて行ってきたサウンドペインティングと呼ばれる指揮付き集団即興演奏の参加者に対する研究の成果に触れ、音楽科教育に集団即興演奏を導入するためのヒントを提示する。その上で、小学校でも実践可能な集団即興演奏として筆者が開発した《ＧＭＩＣ》の実践方法や実践上の留意点についても紹介し、読者の授業実践に具体的な形で貢献しようと試みる。

以上が本書の構成である。繰り返しになるが、「音楽科教育の存在意義」を定義したうえで音楽科教育の目的論を展開し「良い音楽科教育」について論じる、などという試みは、あまりにだいそれたものである。しかし、「良い音楽科教育」に関するたたき台としての試論が、そのような論に至った「確信の成立条件」ともに提示されれば、それがどんなに稚拙なものであったとしても、読者の目的論的議論を促進するという筆者の狙いは達成されるのではないだろうか。

また、各章で取り扱っている思想家たちの論については、筆者の実力不足と本書の趣旨ゆえに十分に深く検討できているとは到底言えず、彼らの思想のごく一部を概略的に紹介するに留まっている。しかし、それゆえに彼らの思想の大綱的方向性をなんとなく掴むにはちょうどいい記述になっているのではないかとも思う。スモールについて、ビースタについて、シェーファーについて、「以前から勉強してみたいとは思っていたけどとっつきにくかった」という人にとっては、本書を通して得られる概略的知識が彼らの大著を読む際の指針になるかもしれない。そして、本書をヒントにしながら原著にあたり、読者それぞれの目的論を打ち立てて欲しい。

当然ながら、本書に批判の余地がないとは思っていない。読者には本書で示されたロジックを批判的に読んでいただき、各々のコミュニティに持ち帰って創造的で建設的な目的論的議論をしていただきたい。

参考文献および注

1 文部科学省（二〇一七）「新しい学習指導要領の考え方—中央教育審議会における議論から改訂そして実施へ—」
https://www.mext.go.jp/a_menu/shotou/new-cs/_icsFiles/afieldfile/2017/09/28/1396716_1.pdf

2 奈須正裕（二〇一七）『「資質・能力」と学びのメカニズム』東洋館出版社、pp.29-34

3 同前書、pp.16-17

4 文部科学省（二〇一七）『中学校学習指導要領（平成29年告示）音楽編』p.99

5 同前書、p.101

6 ((G)I-DLE) - 'Nxde' Official Music Video
https://youtu.be/fCO7f0SmrDc?si=ot-tPdTllvphLQjg

7 苫野一徳（二〇一三）『学問としての教育学』日本評論社、pp.49-84

8 同前書、p.83

9 文部科学省（二〇一七）『中学校学習指導要領（平成29年告示）』p.99

10 同前書

11 今田匡彦（二〇一五）『哲学音楽論—音楽教育とサウンドスケープ』恒星社厚生閣、p.14

12 Brown, S., Jordania, J.（2011）
"Universals in the world's musics", *Psychology of Music*, 41(2), pp. 229-248

13 文部科学省（二〇一七）『中学校学習指導要領（平成29年告示）』p.106

14　C・スモール／野澤豊一、西島千尋訳（二〇一一）『ミュージッキング―音楽は〈行為〉である』水声社、p.31

15　文部科学省（二〇一七）『中学校学習指導要領（平成29年告示）』p.101

16　R・バルト／花輪光訳（一九七九）「作者の死」『物語の構造分析』みすず書房

17　文部科学省（二〇一七）『学習指導要領（平成29年告示）解説音楽編』まえがき

第一章

音楽への記述的接近

1 出来事としての音楽——C・スモールの音楽観

音楽のモノとコト

音楽とはなにか。この問いに対して明示的に回答することは非常に難しい。音楽という言葉は日常的に使用されており、何ならその音楽とやらを毎日聴いているにも関わらず、「音楽とはなんですか?」と問われるとほとんどの人がまともに回答できなくなる。よく音楽科の授業では、音楽の三要素として「リズム、メロディ、ハーモニー」が挙げられるが、これはヨーロッパ地方である一時期に作られた作品に共通する要素でしかなく、「音楽」という茫漠とした広がりを持つ概念を説明するにはあまりに頼りない指針である。ヒューマンビートボックスは多くの人々に音楽だと捉えられているが、彼らのパフォーマンスに一般的な意味でのメロディはない。また、ヨーロッパの中世において重要な音楽史的意義を持つグレゴリオ聖歌には今日的な意味でのリズムやハーモニーがない。ラップのフリースタイルバトルはおそらく音楽だが、「リズム、メロディ、ハーモニー」という語彙だけではその音楽的現象の実態を説明することはできないだろう。

このように、音楽とはどこまでも多様である。したがって、「現在世界で音楽だと見なされている現象の客観的特徴はなにか」という記述的な問いをもって世界中の音楽を片っ端から調べていっても、「音楽とはなにか」という問いに対する回答を得ることは難しいだろう。そのような音楽の性質を鑑みると、「良い音楽科教育」について考えるためには「音楽科教育において何を音楽だと見なすべきか」という規範的な問いをもつことが重要になる。このような本書の立場については既に序論で述べた。

とはいえ、記述的な問いに基づき世界で音楽と呼ばれる営みを総合的に分析することは、規範的な問いに取り組む上でも重要である。むしろ、世界の音楽を記述的に捉えようと試みることなしに、音楽科教育における音楽を規範的に定義することはできないだろう。ここでは、近年において音楽に対して最も重要な考察をした学者の一人であるクリストファー・スモール（一九二七—二〇一一）の音楽観を概観しておこう。彼は音楽という概念に「モノからコトへのパラダイムシフト」をもたらした重要な人物として、近年の音楽教育学研究でも頻繁に引用されている。

　スモールがその著書『ミュージッキング―音楽は〈行為〉である』で鮮やかに指摘したように、音楽は伝統的に音楽作品というモノとして認識されてきた[18]。私たちがApple MusicやSpotifyに課金するのは、楽曲というモノにアクセスするためである。「音楽＝作品（楽曲）」だという認識は、多くの現代人の一般的認識でもある。そしてこのような音楽観は、音楽学研究においても同様だった。音楽学はまず第一に作品を主たる研究対象にしてきた一方で、演奏という行為や演奏会という出来事の価値や意義についての研究は主流にはならなかったのである。音楽とは作品そのもの、あるいは作品の集合であり、それらを一つ一つ分析することで音楽の本質が明らかになるかのような認識を私たちは暗に持っていた。

　そしてスモールによれば、私たちは「一度完成した音楽作品にはどんな状況に置かれても揺るがない絶対的な価値が内在している」と考えがちである。例えば、多くのクラシック音楽ファンはバッハの《ゴルトベルク変奏曲》に「名曲としての価値が内在している」と信じて疑わない。したがって、どんなに下手なパフォーマンスを聴いても「演奏がダメなだけで《ゴルトベルク変奏曲》自体は名曲だからな」と捉える。《ゴルトベルク変奏曲》

と演奏家の相互作用によって生まれたパフォーマンスの価値を推し測る前に、何より先に「作品に内在する価値」を自明のものと前提するのである。「コンサートがいまいちだったのは《ゴルトベルク変奏曲》にも問題があるからなのかな……?」という発想は原則として生じない。そしてこの「作品に内在する価値」を聴き取る義務は聴衆にも課される。《ゴルトベルク変奏曲》を聴きながらウトウトしてしまった聴衆は、「《ゴルトベルク変奏曲》の価値がわからないなんて……君は音楽というものがわかっていないね」などと言われてしまうのである。《ゴルトベルク変奏曲》は演奏家によるパフォーマンスからも聴衆による聴覚経験からも独立した存在として価値付けられる。私たちは、楽曲を「人間の行為から独立した価値あるモノ」として認識してきたのであった。

そのような「音楽＝作品」という音楽観は、西洋音楽における楽譜の存在によってより強固になったと言ってよいだろう。楽譜は、作曲家の偉大な精神を固着させ価値付けるための依代になる。スモールは、《春の祭典》等で有名な作曲家イーゴリ・ストラヴィンスキーの象徴的なエピソードを紹介している。ストラヴィンスキーは、演奏家が自身の楽譜を勝手に「解釈」することを嫌い、自分の作品の演奏を客観的に「実行」するよう求めた、というのである[19]。ストラヴィンスキーは、作曲家が楽曲（楽譜）に込めた価値そのものである精神を演奏家が書き換えてしまうような事態を極端に嫌悪していた。「音楽＝作品」的音楽観においては、作曲家の脳内にある音響イメージやそれを生み出す崇高な精神こそが「作品に内在する価値」なのである。

演奏家が相対する紙の上のインクのさらに向こう側には、偉大な作曲家が鎮座している。演奏家は、作曲家が作品に込めた価値を忠実に再現しなければならず（そうしなければストラヴィンスキーに怒られてしまう）、聴衆はそれを正確に聴き取らなければならない。私たちは偉大な作曲家が作った壊れやすい作品（作曲家の意図）をガラスケースの中にそっとしまい、それを外からうやうやしく観察するかのようなモデルで音楽を捉えてきた。そして、そのガラスケースの中の作品は物体としての質量を持たないので、簡単に持ち運ぶことができる。そのような事情により、東アジアに住む我々も、バッハが作ったとされる五線譜上の旋律をありがたがって音楽室で演奏しているのである。バッハが五線譜に残した旋律には、湿気の多い日本の教室に持ち込んでプラスチック製のリコーダーで演奏しても揺るがない価値が内在している。なぜなら音楽とは作品であり、作品とは作曲家の精神であり、作曲家の精神に価値があることはもはや自明だからだ。これが、私たちの中でいつの間にか前提されてきた「音楽＝作品」だとするモノ的音楽観である。

そして、スモールはこのようなモノ的音楽観を痛烈に批判する。スモールは、長い間モノ的な音楽観が自明のものとして疑われてこなかった結果、「誤った四つの命題」が形成されていると指摘する[20]。

① 音楽のパフォーマンス（演奏）は作品を聴き手に届けるための媒体でしかなく、創造的な過程に何の寄与もしない

② 音楽パフォーマンスは、作曲家から聴き手への一方的なコミュニケーションであり、聴手の行為は音楽活動の意味に寄与しない

③ 作品に優るパフォーマンスはない。演奏家は作曲家の意図に忠実に作品の完成を目指す

④ 音楽作品は自律的に価値を持つので、宗教的、政治的、社会的状況から独立して存在して意味をもつ

スモールが批判的に取り上げたストラヴィンスキーの事例はまさに右記①、②、③の命題を反映したものであり、日本で我々がバッハの曲を当然のように勉強しているのは④の

命題と関わりがある。もちろん多くの読者は「パフォーマンス（演奏）にはなんの創造性もない」とは思っていないだろう。上述したスモールの指摘は極端に過ぎるように思われるかもしれない。しかし、「作曲家の意図を忠実に表現しましょう」のような指導言があらゆる音楽教育の場で用いられているように、私たちは演奏者を「作品に内在する価値」の伝達媒体だと暗に捉えている。演奏者とは、ステージにおいて「作曲家より目立つことを禁じられた黒子」なのである。スモールによる指摘は、我々が知らず知らずのうちに作品それ自体を御神体のように神聖視して捉えてきたこと、その一方で演奏や聴取といった人間の行為の側面を軽視してきたことを見事に描いている。

しかし、スモールによる造語であるミュージッキング（musicking、to music の動名詞型、「音楽する」）という言葉が端的に示しているように、音楽とは社会的状況における人間の行為そのものである。当然ながら作品は「音楽する」という行為を成立させる上での重要な要素になり得るが、それを分析するだけではコンサートホールで生起している音楽という出来事の全てを説明することにはならない。演奏者のパフォーマンスや観客の反応は出来事としての音楽の質や価値に直接的に関わっている。音楽とは人間の行為とそれによって生まれるイベント、出来事なのであって、作品はその出来事を構成する一要素に過ぎないのである。ミュージッキングという言葉は、音楽の捉え方を「モノ」から「コト」へとシフトさせたのであった。

音楽への参加可能性の拡張

スモールによるミュージッキングの概念は、音楽と人間の関わり方そのものを問い直すものである。彼は、「音楽の本質とその根本的な意味とは、対象、すなわち音楽作品のなかにあるのではまったくなく、人びとの行為の方にある」[21]と強調する。音楽作品それ自体に価値が内在しているのではなく、それを媒介にして演奏したり聴取したり人が集まったりするという音楽的出来事への参加にこそ価値がある。スモールは、「自分は楽譜が読めないから音楽できない」とか「自分は高い声が出ないからこの曲を歌うことはできない」とかいったような、「人間の音楽への参加可能性を音楽作品が決定する」かのような事態を批判的に捉え、むしろ人間の側に自由に音楽する権利を取り戻させようとしているのである。

スモールによる有名なミュージッキングの定義を引用しておこう[22]。

「音楽する」とは、どんな立場からであれ音楽的なパフォーマンスに参加することであり、これには演奏することも聴くことも、リハーサルや練習も、パフォーマンスのための素材を提供すること（つまり作曲）も、ダンスも含まれる。私たちはこれに、チケットのもぎりや、ピアノやドラムのような重たい楽器を動かすたくましい男たち、はたまた楽器をセットアップしたりサウンドチェックをするローディーたち、それから、パフォーマンスの場から人がはけた後で活躍する掃除夫を含めることすらできる。なぜなら、かれらも音楽パフォーマンスという出来事に、本来、貢献しているからだ。

スモールの指摘は、まさに私たちの音楽に対する理解にコペルニクス的転換をもたらしたといってよいだろう。そして、このようなスモールの音楽観は、音楽科教育の目標論や内容論にも重要な示唆を与えている。例えば、「音楽＝作品」だと捉えるモノ的な音楽観を前提とする音楽科教育においては、《越天楽》についての学習は、第一にその音響構造に注目することだった。《越天楽》のヘテロフォニックなテクスチュアや鞨鼓の独特なリズム、篳篥のポルタメントを伴う発音等に注目することが《越天楽》という音楽の本質的な理解につながる、というのがモノ的音楽観に支えられた音楽教育観である。しかし、スモールの音楽観は、《越天楽》という楽曲が演奏される場や衣装、そしてそれを聴いている人々の反応等、出来事としての全てを包括する。《越天楽》を理解するには、《越天楽》という作品がパフォーマンスとして実演されるその状況をまるごと学習対象にしなければならない。スモールはあくまで音楽社会学的視点から音楽を分析したことになるが、このような音楽観は必然的に音楽科教育にも示唆深い知見を提供している。

一方で、スモールのミュージッキングを音楽科教育の文脈から捉えなおすと疑問も湧く。先の引用部分にあるように、スモールは、チケットもぎりや掃除夫も出来事としてのミュージッキングに参加している、という。では音楽科の授業でチケットもぎりを体験させることは有用だといえるだろうか。あるいは、音楽科においてチケットもぎりの学習が有益になる状況とはどのようなものだろうか。スモールは音楽への参加可能性を拡張し、人間主体の音楽論を打ち立てた。そして、これまで私たちが無意識のうちにもっていた「音楽=作品」だとする狭い音楽観を相対化し、ミュージッキングという魅力的な概念装置を提供してくれた。その一方で、「音楽科教育において取り扱うべきミュージッキングとはどのようなものか」という規範的問いに対する回答は、未だ留保されている。

② 徒弟制度としての音楽教育——D・J・エリオットの音楽教育論

エリオットの音楽観

行為としての音楽、出来事としての音楽というスモールのような立場を、さらに音楽教育の文脈で推し進めたのがアメリカの音楽教育学者、デヴィッド・エリオットである。エリオットはプラクシス（Praxis）の思想的立場から音楽教育論を打ち立てたことで我が国においてもよく知られている学者だ。エリオットの音楽教育論は非常に包括的で、その包括性ゆえに掴みどころが無いのも事実だが、彼が有名になった理由を一つ挙げるとすれば、それまで優勢だった「モノとしての音楽」を中心とした音楽教育を徹底的に批判した点であろう。彼は「作品について理解する」ことを暗に目的化していたそれまでの音楽教育を痛烈に批判し、音楽学習におけるコンテクストの重要性を強調した点で特筆される論者である。本項ではエリオットの音楽観とそこから導かれる彼の音楽教育観を簡単に紹介したい。

エリオットは、自身の音楽教育論を述べるにあたり、音楽についての記述的考察を行う。彼は、アルファベットの大文字と小文字を組み合わせてMUSICS、Music、musicという三つの語で「音楽」を説明しようと試みるのである[23]。まず、MUSICSという語は、「過去から現在までの全ての音楽」[24]を意味するとされる。やや抽象的な定義だが、とりあえずは最も広い意味での「音楽」だと捉えておけばよいだろう。一方Musicの定義は少々複雑だ。詳しくは原著に譲るとして、ここでは特定ジャンルの音楽における人間の価値観や音楽に関わる行為、そのジャンルにおける作品や実践が生まれるに至った背景等を含む概念としてMusicを捉えておこう[25]。エリオットは、スモール同様「音楽＝作品」だとするモノ的音楽観を批判的に捉える立場をとる。Musicに人間の価値観や行為が含まれているのは、そのような音楽観の現れであろう。そしてmusicは「普通の意味での音楽」[26]、例えば、あらゆるジャンルにおける個別の音楽作品や個別のライブ、演奏、録音、ミュージックビデオ等を意味する。我々が一般的な文脈で「私の好きな音楽は○○という曲である」とか「○○のライブで音楽を聴いてきた」と発話するとき、ここでの「音楽」という語はエリオットがいうところのmusicに該当する。簡単にまとめれば、MUSICSが最も包括的な音楽の概念であり、Musicは特定ジャンルにおける音楽実践の広範な営みであり、musicは個別の楽曲や個別の演奏等を意味している、と解釈できるだろう。

エリオットの定義は確かに有用である。世の中の音楽的現象はMusicの概念が示すように、個別に様々な価値観や人間関係を内包している。特定音楽ジャンルにおいて、音楽における音は社会的・文化的コンテクストと不可分の関係にある。エリオットはそのような社会性や行為の側面が音楽に含まれることを、スモール同様に強調しているのである。そして、授業の中での個別の歌唱実践や通勤中にイヤフォンで聴かれる誰かの作品がmusicである。エリオットはmusicの例としてマイルス・デイヴィスの《So What》、レディー・ガガの《Poker Face》、ジョン・メイヤーの《Paper Doll》等西洋音楽の理論に依拠するポピュラー・ミュージックを挙げているが[27]、ここに雅楽の《越天楽》や歌舞伎の《勧進帳》、そしてそれらが披露される公演を加えてもよいだろう。さらに、それらを全て包括する概念としてMUSICSが掲げられる。

我々はこれまで、エリオットが言うところのmusicの中の一部に過ぎない楽曲を音楽だと捉えてきた。そして、「音楽＝作品」とするモノ的な音楽観に基づき、楽曲についての理解を提供することこそが「良い」音楽教育だと捉えてきた。しかしMusicやMUSICSの概念が示すように、音楽という語は非常に包括的である。musicの一部について学ぶだけでは「音楽＝作品」だとする狭い範囲の音楽観に基づく音楽学習になってしまう。それでは人間の行為や価値観を含むMusicやMUSICSについて学んだことには到底ならない。では、エリオットは、どのような音楽教育を理想としたのだろうか。

エリオットは音楽教育のあるべき姿を徒弟制度（apprenticeship）に見出す。徒弟制度とは、師匠に対して学習者が弟子入りするという特殊な師弟関係（Master-Apprentice model）によって切り結ばれる教育的な関係性のことである。歴史上、多くの音楽文化がこの徒弟制度をもとに音楽を後世に伝承してきた。

徒弟制度における教育の特徴はコンテクスト（context）という言葉に集約される、といってよいだろう。コンテクストとは状況、文脈、背景等を意味する言葉である。エリオットが推奨したのは認知的徒弟制度（Cognitive Apprenticeship）であり、伝統的徒弟制度とは異なるとされるが、それでもまずは伝統的徒弟制度について考えてみよう。

ホリエモンと鮨職人養成―伝統的徒弟制度の諸相

筆者は大学の講義で学生に徒弟制度について説明する時、よく起業家の堀江貴文氏の名前をあげる。彼はある時SNSで「鮨職人になるために何年も修行をするなんて馬鹿げている」「そもそも十年かけなきゃ技術習得できないやつはセンスがねーんだよ」という旨の発言をして話題を呼んでいた。「話題を呼んだ」というのは少々婉曲的で、直接的に言えば炎上していたのだが、本人は気にする素振りを見せるどころかその炎上にかこつけて『堀江貴文VS. 鮨職人 鮨屋に修行は必要か?』という本まで出版してしまった。しかもその内容は旧態依然とした鮨業界を単に小馬鹿にするものではなく、食通の堀江氏が「今イケてる」と判断した鮨屋の店主にインタビューを実施しその職人道とも言える思想を紹介する内容で、結果的に鮨業界を盛り上げようとしているのだから流石としか言いようがない。彼は起業家でありながら様々な情報媒体をメタに活用し我々を楽しませてくるメディアエンターテイナーなのである。

さて、なぜ筆者が徒弟制度の話をするために堀江氏に言及しているのかというと、この炎上騒ぎの根幹にあるのは、まさに「鮨職人養成における徒弟制度の是非」という有用なテーマだからだ。

「技術習得に十年もかけてるやつはセンスがない」という言説の妥当性は置いておくとしても、堀江氏の問題意識は明確である。鮨業界には「飯炊き三年握り八年」という格言があるほど、職人の修行期間が長く設定される。実際、先に言及した堀江氏の書籍の中で、ある鮨職人は「修行期間中に鮨を握ることを許可されたのは弟子入りしてから八年目のことだった」と告白している[28]。では最初の七年間は何をやっていたのかというと、「握り」以外の料理、例えば揚げ物や味噌汁等の仕込みである。当該職人は、「ずっとウズウズしていた」「完全な年功序列で、下の人間は、握れても、仕事ができても、上の人がいなくなるまで絶対に上がれないっていう仕組みになっている」とも述べている[29]。つまり、実際に十年だか十一年だかの修行の期間において実施されているのは「飯炊き」や「握り」といった鮨を構成する要素に直接的に関わる技術の鍛錬などではなく、それ以外の周辺的で実際的な業務なのだ。堀江氏に言わせれば、それらは鮨の修行ではなく資本主義的雑用である、ということになるのだろう。堀江氏は、雑用に何年もかけるのは無駄だと考え、「飯炊き」や「握り」のような重要な要素にフォーカスして効率的に技術習得をさせればより素早くより質の高い職人を育てることができるのではないか、と提案したのである。

堀江氏の主張はよく理解できるし、非常に建設的である。鮨職人を志す若者が修行という名のもとに周辺業務のための労働力を搾取されているのだとしたら、それは由々しき事態である。また、過度な年功序列のシステムも若手の労働意欲を減じるだろう。堀江氏は、数々の事業を立ち上げてきた起業家としてのエコノミカルな視点から、鮨職人の世界における伝統的な徒弟制度について批判的なコメントをした。彼は、ビジネスパーソンらしい発想で教育内容の精査と教育方法の効率化に言及したのである。

しかし立ち止まって考えてみたい。「握り」をさせてもらえなかった弟子たちは、本当に無駄な数年間を過ごしていたのだろうか。

ここで、堀江氏の批判とは対照的に、やや好意的な視点で伝統的徒弟制度を観察してみよう。

＊　＊　＊

鮨職人を志す若者は、とある老舗の鮨屋に憧れ、そこに弟子入りする。師匠である初老の男性は、若者の弟子入りを認めながらもわかりやすく技術を教えようなどという気はさらさらない。師匠は店の切り盛りに忙しいのだ。したがって、弟子は師匠の手伝いをしながら技術を盗んでいくことになる。弟子が師匠から学びたい主たる技術は「握り」であるが、師匠は四六時中鮨を握っているわけではない。仕入れをするために市場に行ったり店の掃除をしたり、あるいは「握り」とは直接関係のない料理（例えば味噌汁や卵焼きなど）の仕込みをしたりもする。そして、弟子が最初に任されるのは当然ながら「握り」ではなく味噌汁や卵焼きの仕込みである。弟子は、早く握りたい気持ちをおさえ、師匠が握っている姿を横目で見ながら床を掃除したり勘定の計算をしたりする日々を数年過ごす。

弟子は、「握り」をさせてもらえないことに不満を持ちながらも、数年間の下積みを通して「鮨という料理が作られるコンテクスト（文脈、背景）」を総合的に理解しつつあった。鮨は単に酢飯に魚を載せた料理などではない。その料理を中心にして、その周りには漁師や客との人間関係が存在している。また、師匠が客の様子を見ながらシャリの量を調整しているのを観察し、「握り」の技術すらもコンテクストに規定されることを、弟子は下積み作業の中で非言語的に感得していく。弟子は無自覚に「包括的鮨理解」ともいえる境地に至りつつある。しかし弟子がそのことの重要性に気がつくのは独立して師匠の元を去った後である。

ある時、営業後に師匠から声をかけられる。「握ってみろ」と師匠は言う。弟子は師匠から「握り」を教わったことはない。しかし弟子は、この数年間ずっと師匠が握っている姿をちらちらと観察し、こっそり練習してきた。その知識を活かしてなんとかチャレンジする。しかし当然ながら師匠は認めてくれない。それどころか「まだまだダメだな」と意味深に言うのみで、具体的なフィードバックなどない。それでも弟子はようやく一歩前進したことを実感し、次の日から再び料理の仕込みに励む。

＊　＊　＊

少々誇張した感があるが、このような教育スタイルが伝統的徒弟制度を好意的に捉えた際のイメージである。先程触れた「飯炊き三年握り八年」という言葉は、「飯炊きの技術の習得プロセス、握りの技術の習得プロセスをカリキュラムに落とし込み、一日九十分×五コマで計算すると三年と八年かかる」という文字通りの意味として受けるべきではない。鮨屋に弟子入りした新人が「飯炊き」の技術のみを取り出して集中的に学ぶようなことはあまり想定されない。彼が「飯炊き」の技術に触れるのは、店の掃除や接客を含めた鮨コミュニティの運営の中に組み込まれた「ある瞬間」においてのみである。そのようなコンテクストの中で鮨職人の在り方を総合的に学ぶのに合計で十一年くらいかかる、という解釈が妥当であろう。

　徒弟制度における学習は、常に状況依存的である。そもそも「絶対的に正しいシャリの量」や「絶対的に正しい握り方」自体が存在しないのだ。正解は店によっても季節によっても客によっても変わる。「握り」の技術は鮨屋の運営というコンテクストの中に埋め込まれているのである。徒弟制度はそのようなコンテクストの中での学びを提供する。これは、鮨を完成させるために必要な要素として「飯炊き」の技術、「握り」の技術、「仕入れ」の知識等を取り出し、効率的に学習させようとする堀江氏のエコノミカルな発想とは真逆の教育である。

　一方、授業料を支払う必要のある鮨職人養成専門学校ではこのような教育はしないだろう。実際、「東京すしアカデミー」では、包丁の研ぎ方からネタの切り方までをなんと二ヶ月で学べる「集中特訓コース」が設定され、人気を博しているようだ[30]。おそらく「東京すしアカデミー」において教師は「技術はコンテクストの中から見て盗め」などと言わないだろう。職人が日常的に用いている技術を取り出し、精査し、並び替えることでわずか二ヶ月での職人養成が可能となる。「飯炊き」の技術、「握り」の技術を文脈から抜き出して（脱文脈化することで）、効率的な教育が実現するのである。堀江氏はこちらに賛成なのかもしれない。

「東京すしアカデミー」に限らず、多くの鮨職人養成学校においても、仕入れの方法や卵焼きの焼き方等、鮨コミュニティーを運営するための様々な方法について教えられているのだろう。もしかしたら接客の訓練でさえもカリキュラムに組み込まれているのかもしれない。しかし、それらは全て実際のコンテクストからは切り離されている。安全なカリキュラムの中で獲得される「握り」の技術と、多様な人間関係が交錯するスリリングな現場で得られる「握り」の技術は、その獲得プロセスのみならず、技術の実態として異なる、ということだろう。徒弟制度では、あらゆる技術がコンテクストの中で獲得されることになる。「握り」の技術は教室の中で行われる「握り」の訓練によっては培われない。鮨コミュニティに身を置くことで初めて、リアルに活用できる「握り」が発見されるのである。

音楽的技術の文脈依存性と認知的徒弟制度

徒弟制度の可能性を信じるエリオットにしてみれば、鮨職人養成学校における脱文脈化された「握り」の授業は、いわば音楽科の授業でスピーカーから流れてくる音楽作品の構造（リズム、旋律等）に注目させる授業と同質ということになるのだろう。エリオットは、その作品が本来的に作られ、演奏され、聴かれる環境とはかけ離れた状況で作品のみに排他的に注目するような学習では音楽を総合的に理解するに至らない、と考える。弟子が師匠の家に住み込みで働きながら学ぶように、音楽学習においてもコンテクストに没入する形での学びが必要である。エリオットはそのように考えた。実際、レッスン室で得られる技術とシビアな現場に立つことで得られる技術とではその質が大きく異なる、というのは実感として理解できるだろう。単純化して言えば、エリオットの教育論は「レッスン室では学べないことがある、とにかく現地に行け、舞台に立て」というものだと言えるだろう。エリオットは技術の文脈依存性に言及しているのだ。

　エリオットの指摘は確かに的を射ている。学校という教育機関が良くも悪くも制度化され、そこに音楽が導入された時、音楽という総合的な営みからは様々な要素が削ぎ落とされた。学習内容の脱文脈化である。学校でイタリアオペラについて学ぶ時、「オペラ歌手の鞄持ちから始めよう」などと言うことはできない。したがって、私たちは音楽の本質的要素であると仮定されていた作品とそれを演奏するための技術を取り出し、それらを教室で教えることにしたのだった。しかし、エリオットはそれを「呆れるほどの単純化」だと強く非難する[31]。イタリアオペラについて学ぶということは、イタリアオペラで演奏される作品の構造やそれを演奏するための技術を学ぶこととイコールではない。イタリアオペラが実際に演奏されるコンテクストごと学ぶことの重要性を、エリオットは指摘したのである。彼の発想は実際の音楽文化の実態によく符合している。まさに記述的発想による音楽教育観である。

一方で、エリオットも実際の学校教育において生徒一人一人がオペラ歌手に弟子入りするのがベストだとは考えていない。エリオットは師匠と弟子の関係というよりメンターと弟子の関係を理想とし、認知的徒弟制度（Cognitive Apprenticeship）という概念を学校教育に応用すべきであることを主張した[32]。伝統的徒弟制度が「技術は見て盗め」という学習者の表面的観察に依存しているのとは対照的に、認知的徒弟制度においては熟達者である師匠は自らの思考や技術を積極的に開示しようとする。学校の授業のように技術を脱文脈化して教えるわけではなく、学習者はあくまで文脈の中で学んでいくが、認知的徒弟制度では師匠が積極的なサポートを行うのである。また伝統的徒弟制度においては師匠からのフィードバックは不十分であることが多いが、認知的徒弟制度においては師匠からのフィードバックも重視される。つまり、伝統的徒弟制度においては師匠は弟子の「握り」を見て「まだまだな……」と言い残し店を後にすることが許されるが、認知的徒弟制度においては師匠はより積極的に言語と実技でフィードバックを行い、かつ学習者を励まさなければならないのである[33]。エリオットは、伝統的徒弟制度の非民主的な部分を取り除き、その上で文脈的な技術を獲得させる方法として、認知的徒弟制度の導入を推奨したのだった。

以上がエリオットの音楽教育論である。なお、本書が音楽ではなく鮨職人養成の例を出した理由は、我々があまりに音楽や音楽的技術の脱文脈化を所与のものとしてしまっているからだ。コンテンツや技術の文脈依存性については音楽以外で例えたほうが理解しやすい。また、第四節で取り上げるアルサップも鮨職人養成を例に徒弟制度を批判したのだが、徒弟制度をあえて好意的に分析した際に立ち現れる「文脈依存的技術へのリスペクト」には触れておらず、そこを補足したかった意図もある[34]。本書の論理展開に妥当性を持たせるうえでも、徒弟制度のメリットにも一応触れておくのがフェアというものだろう。加えて、認知的徒弟制度は理屈としては興味深いものだが日本の音楽科の授業に当てはめた際に実践の具体をイメージしにくい点も補足しておく。エリオットの教育論はより応用的な発想で活用される必要がありそうだ。

エリオットはMusicやMUSICSを俯瞰した上で、徒弟制度に音楽教育の可能性を見た。エリオットや彼と似た問題意識をもつスモールは非常に想像力豊かである。彼らの発想をもってすれば、鮨さえもコンテクスチュアルな「出来事」として捉えることができるだろう。彼らなら、SNSで徒弟制度を批判する堀江氏に対して、「修行中に行われる卵焼きの仕込みや味噌汁づくりは雑用として切り捨てられるべきではない。それらは出来事としての鮨の成立に関わっている」とリプライをつけるかもしれない。

両者の言説になぞらえて鮨を捉えると、「鮨はモノではない、コトだ」ということになるだろう。鮨とは、鮨という料理を中心に展開される人間の行為、出来事である。スモールは清掃夫やチケットもぎりもミュージッキングの成立に関わっている、と言った。ならば「出来事としての鮨」の成立には、鮨そのもののみならず、料理の仕込みや床の掃除、レジ打ちをする弟子も関与していると言えるのかもしれない。つまり、レジ打ちをしている弟子でさえも、「鮨している（sushing）」と言えるのかもしれない。

以上のように鮨文化を記述的に捉えることは大変愉快だが、そろそろ音楽科教育の話に戻ろう。我々がこの鮨のエピソードから考察しなければならないのは、「若手に料理の仕込みや店の掃除をさせることは公共性のある教育として認められるべきか」という視点である。確かに、料理や音楽の技術が文脈依存的であることは事実だろう。そのような文脈依存の技術を正確に継承させるために、「握り」から一旦距離を取らせ、仕込みや掃除から始めさせる、という教育的判断はむしろ合理的なのかもしれない。しかし、そのような教育に問題はないのだろうか。

次節への導入として、ここで新たな視点を導入しておこう。それは、教育における倫理である。若者は鮨を握るために弟子入りしたはずだ。弟子入りした若者は徒弟制度の帰結として最終的に「包括的鮨理解」に至るのだとしても、その学習プロセスは弟子の「握りたい」という意欲を一時的に無視することで成立している。学習者の意欲を留保する教育は、それが最終的にコンテクスチュアルな「握り」の技術獲得に必要なのだとしても、なにか別のところで問題を産んでいるのではないか。徒弟制度という教育の在り方には倫理的な問題点はないのか。次節では、教育の倫理的側面についてフレイレを引用しながら検討していく。

3 音楽と「銀行型教育」──P・フレイレの教育哲学

「銀行型教育」とはなにか

これまでに確認してきたように、音楽は人間の行為であり、社会的な出来事である。バッハの《マタイ受難曲》は西洋音楽史に残る名曲だが、カジュアルなデートを楽しむ男女が車での移動中に聴くにはあまり素敵な曲だとは言えないかもしれない。逆に、車内で男性が不意に口ずさんだフジファブリックの《若者のすべて》は、相手の女性にとって特別なものになるかもしれない。そのようなカジュアルデートの中で生じたミュージッキングの質や価値は、《マタイ受難曲》や《若者のすべて》の楽曲分析をするだけでは到底明らかにできない。そして、真剣に《マタイ受難曲》について学ぼうと思ったら、認知的徒弟制度の枠組みの中で、キリスト教の典礼における受難曲の位置づけについて体験的に学習したほうがよいのかもしれない。あるいは《若者のすべて》について学ぼうと思ったら、まずはフジファブリックのライブに行って物販の列に並んでみるべきなのかもしれない。

スモールやエリオットは、世界中に存在する音楽と呼ばれる営為を鋭く捉えていた。そして、彼らは「音楽＝作品」だと考えていた私たちを見事に啓蒙したと言えるだろう。エリオットのいう認知的徒弟制度は、世界中の音楽実践のリアルなミニチュアを教育現場用に慎重に調整して導入しようとするものである。世界中で音楽が演奏され、継承されていくプロセスは、鮨職人養成学校で行われる授業よりも伝統的な鮨屋における徒弟制度的教育に近いことは明らかだ。彼らは、音楽が公的なシステムとしての教育に取り込まれる過程で安易に捨象されてきた音楽のコンテクストに光を当てた。

では、そのようなコンテクストに注目した音楽教育の在り方は「良い音楽科教育」だと言えるだろうか。音楽科の授業において、子どもを音楽文化のコンテクストに没入させることは望ましいと言えるのだろうか。

徒弟制度は音楽のような複雑な営みを学習者に継承させる上で有益な方法論ではあるが、問題点もある。それは教授／学習の場に不可避的に生起する権力関係である。

教師と学習者の非対称性に注目した論者の中でも最もポピュラーなのは、ブラジルの思想家パウロ・フレイレ（一九二一―一九九七）であろう。フレイレは、反植民地主義的な立場から、その大著『被抑圧者の教育学』の中で、「教える者（教師）」が「教えられる者（生徒）」を支配し、支配関係を再生産するような教育の構造的非対称性を強く批判した。彼は「空っぽな入れ物」としての生徒に対して知識を注入していく教育を「銀行型教育」と揶揄し、学習者の主体性が奪われ続けていることを危惧する。フレイレによれば、「知識を詰め込めば詰め込むだけ、生徒は自分自身が主体となって世界にかかわり、変革していくという批判的な意識をもつことができなくなっていく」[35]のである。

フレイレは「銀行型教育」について次のように論じる[36]。

「銀行型教育」という概念では、「知識」とはもっている者からもっていない者へと与えられるものである。知識が与えられるもの、施されるもの、である、ということ自体が、抑圧のイデオロギーを広く知らしめるための基盤である。無知であることの決定づけ、それは無知の疎外とも呼べるものであり、常に他人のうちに無知を見出すことにつながる。

無知を疎外する教師は揺らぐことなき地位を維持しつづける。教師はいつも知っていて、生徒は常に何も知らない。知る者と知らない者の地位の固定は、教育とは探求するプロセスそのものである、という姿勢を否定する。

（中略）

私たちがここで批判している「銀行型教育」では、教育は知識の価値を貯めたり、送金したり、移し替えたりするようなものである。対立は克服されないし、また、されたこともない。現実には対立が克服されるどころか、教育が抑圧された社会をそのまま反映することになり、「沈黙の文化」を生み出し、「銀行型教育」はこの対立を維持するばかりか助長したりもする。

「銀行型教育」においては、教師は知識をもっている者、生徒は知識をもっていない者、という前提が強固に固定される。鮨屋に弟子入りした若者が目指すのは、原則として「良い鮨」の実現である前に「師匠に認められる鮨」であることになる。なぜなら、「良い鮨」を知っているのは師匠であり、若者は師匠に知識を与えられることでしか「良い鮨」を実現することはできない、と前程されているからだ。フレイレが「知る者と知らない者の地位の固定は、教育とは探求するプロセスそのものである、という姿勢を否定する」と指摘するように、少なくとも弟子入り中の学習者に創造的な鮨を探求する余白はあまり与えられていない。

フレイレは、「銀行型教育」が生み出した「沈黙の文化」が、このような「教える者」と「教えられる者」の対立構造、「教える者」が「教えられる者」を抑圧する構造を維持していくという。しかしここで一つの疑問が浮かぶ。「教えられる者」もいずれは教育される側ではなくなるのだから、「銀行型教育」を受けてもその再生産を阻止することは可能なのではないか、という素朴な疑問である。老舗鮨屋に弟子入りした若者が、仮にそこでの修行に抑圧を感じていたとしても、自分が弟子を取って教える立場になった時に「銀行型教育」をやめればよい。そうすることで「沈黙の文化」を終焉させることができるのではないか。

しかし、フレイレは「教える者」たちが「沈黙の文化」を維持してきた巧妙な手法を鋭く指摘する。フレイレは、抑圧的支配を「文化侵略」と再定義した上で、下記のように述べる[37]。

文化侵略において重要なのは、被侵略者が自分の現実を侵略者の目で見て、自分の目で見ないようにすることである。被侵略者が侵略者のまねをすればするほど、侵略は安定したものとなる。

被侵略者（被抑圧者、「教えられる者」）が侵略者（抑圧者、「教える者」）のまねをする、とはどういうことだろうか。例えば抑圧者は、被抑圧者の中からリーダーを選び、残りの被抑圧者を分割統治させようとする。文化祭等で子どもにリーダーを任せ、イベントを自治させるような発想だ。これは一見すると「教える者」から「教えられる者」に権限を移譲することで両者間の非対称性を解消する望ましい動きのように見える。しかし、フレイレによれば、これは被抑圧者が自らに宿す「内なる抑圧者」との「癒着」を促す行為なのである[38]。普段から抑圧され続けている被抑圧者は、自らのうちに抑圧者的視点を内面化してしまっている。そのような者がリーダーに任命された時、彼は周囲の仲間を自分と対等な人間として尊重できるだろうか。「教えられる者」の一人だったはずのリーダーは、次第に自分を「知る者」、周囲の仲間を「知らない者」と見なすようになる。さらにそのリーダーが抑圧者から「優遇」「昇進」「懐柔」等の施しを受けると、自らのうちにあった抑圧者的視点はますます肥大化していく[39]。リーダーは次第に仲間たちを見下し、管理の対象として見なすようになるだろう。リーダーは、いつの間にか抑圧者そのものになってしまうのだ。これが「沈黙の文化」が維持される構造である。

師匠と弟子の非対称性

このようなフレイレの指摘は、徒弟制度的教育の問題点を端的に描いている。若き鮨職人は、師匠から知識を直接的に受け取らないにしても、「知る者」である師匠からは「知らない者」として扱われることになる。本来創造的な鮨を作る可能性を志して弟子入りしたはずなのに、下積み作業に追われ、弟子はなかなか鮨を握る機会を得ることができない。そのような下積みを数年続けたある日に師匠に「握ってみろ」と言われようやく職人のステージに上がることを許可される。そのようなプロセスは、弟子に抑圧者としての権威を内面化させるに十分であると言えるだろう。最終的に弟子が独立し、新たな若者を育てる立場になった時、元々被抑圧者だったはずの若き寿司職人は、いつの間にか次世代を抑圧する権威になっているのである。

フレイレが指摘するような教育的な問題は、まさに音楽教育の場でも頻繁に起きている。特に音楽大学や中学校・高校の教員養成課程のような専門家養成の場では、このような非対称な関係性が「沈黙の文化」として維持されていると言えるだろう。多くの音大のレッスンにおいて、師匠たる大学講師は「知る者」として生徒に「正しい奏法」「正しい表現」を身に付けさせようとする。特に大学に入学したての新入生に対するレッスンは、エチュードを用いて「悪い癖を矯正する」ようなものも少なくない。もちろん教師に悪気はない。教師は、生徒がプロになってステージに立つ時恥をかかなくていいように「悪い癖」を取り除こうと献身的にレッスンに尽力するのである。そのようにして「悪い癖」を矯正された学生は、師匠に褒められることで権威としての師匠（抑圧者）を内面化する。その学生が子どもを教える立場になった時、彼は「悪い癖を矯正する」ような教育実践を悪気なく再生産するだろう。教員養成課程で西洋音楽を専門に学んだ学生が教育実習で音楽科の授業をする時、「西洋音楽的に良い表現をさせる」ことが音楽科教育の目的だと信じ抑圧的な指導をしてしまうのは、このような抑圧者的視点の内面化が背景にある、と言えそうだ。フレイレが学校を未来の「侵略者」養成機関だと形容したのは、このような「沈黙の文化」の再生産を問題視したからだろう[40]。あまりにショッキングな言葉だが、私たちは子どもに抑圧者（侵略者）的視点を内面化させていないかどうか、注意深く省察しなければならない。

さて、右記において筆者はこのような教育実践を行う教師に「悪気がない」ことを強調した。そう、多くの音楽教育従事者は、何も子どもを抑圧したいとは思っていない。それどころか、自分たちの教育が子どもの自由な発想を尊重しているとさえ思っているはずだ。あるいは、少なくとも理念の上ではそれを目指しているはずだ。特に音楽科教師は、国語や数学の授業とは異なる音楽科という教科の特殊性にプライドをもっていることも少なくない。音楽科は子どもの主体的な表現を引き出し、子どもの創造性を育むのだと考えている教師も多いだろう。しかし、先述したように、音楽教育の場においても「沈黙の文化」の再生産は起きている。なぜ音楽教育の場における教師は、学習者の創造性を引き出したいと思いながら、子どもを「知らない者」として前提し、そこに「正しい表現」を詰め込もうとしてしまうのだろうか。単純な暗記を促進するような受験用学習塾ならまだしも、音楽のような多くの教育従事者が創造性を標榜する場において、このような「銀行型教育」が起きてしまうのはなぜだろうか。

それは端的に言って、音楽科教育を含むほとんどの音楽教育が「文化の継承」という目的論的指向性をもって実践されているからだ。次節では「文化の継承」的教育に内在する問題点を、アルサップの思想に基づき論じる。

4 教育と保存の脱構築——R・E・アルサップのポスト構造主義的思想

作品保管庫としての音楽教育

世の中に存在するほとんど全ての音楽教育実践の根底には「文化の継承」としての性質が内在している、といってよいだろう。それは先人によって醸成された様々なルール、様式、イディオムを後世に継承させようとする教育である。フランスの音楽大学のことをコンセルバトワール（Conservatoire）と呼ぶが、語源は「保存する」を意味するconserverにあるとされる。

絵画や彫刻が質量を伴う作品としてそのまま保存可能であるのとは対照的に、音楽の保存は容易ではなかった。五線譜の発明は西洋音楽の保存に重要な貢献をしたが、言うまでもなく音楽の実態は楽譜によって原初の形を正確に維持できるわけではない。五線譜上に示しきれない表現上の流儀は、他文化と同様に口頭伝承によって後世に継承されてきた。人間の記憶力や認知能力には限界とムラがあるので、口頭伝承のプロセスで音の形自体が変質していくことは防げない。しかし、だからこそ「本質的な表現性が失われないような演奏の仕方」を教えようとする必要があった。結果的に、厳しい指導の産物として、「フランスで学んだプロによる本場のドビュッシー」、「市川家による本物の《勧進帳》」、「生田流による本物の《六段の調べ》」、「バリ島の人々による本物のケチャ」が若者の脳と身体に刻み込まれ、今日にその姿を保っている。このようなオーセンティシティ(authenticity、真正性、本物性)の継承こそが、多くの文化における音楽教育の本質の一部とされてきた。ここに、音楽における教育と保存の一致を見い出すことができる。

素晴らしい絵画を劣化させないで保存するには、まずは絵画にカバーをかけ、部屋の湿度を適切に保ち、窓に遮光カーテンを設置すればよい。では、音楽を保存するためにはどうすればよいか。絵画におけるカバーと除湿機と遮光カーテンが、音楽においては教育であった、ということだろう。オーソリティ(authority、権威ある人)としての作曲家が生み出した作品や一流プレイヤーが作り上げたオーセンティックな(authentic、本物の)演奏表現を劣化させずに後世に残すためには、教育というシステムを用いて次世代の脳と身体に音楽を正確に保存する必要があった。スモールが取り上げたストラヴィンスキーの事例は、演奏家の心身を音楽保管庫だと捉えそこに自分の作品を保存・展示しようとする態度の端的な例である。そして、それは一作曲家が声明を出したところで容易には実現しない。そこで制度としての音楽教育が必要になる。音楽教育には、今日の博物館が担っているような、伝統的音楽文化の保存と管理の役割が内包されていたと言える。

このような営みは、必然的に「知る者」と「知らない者」の非対称性を強調する。教師の意識には「後世に継承させるべきオーセンティックな音楽表現」が常にある。それは音楽教育という営みに保存の機能が不可避的に内包されてきたからであろう。序論で述べた「滝廉太郎の《花》をラップ風に歌う」ような授業に抵抗をもつ音楽科教師は少なくないと推察されるが、それは教科教育という場においても「文化の継承」が暗に尊重されているからだ。もし子どもが滝廉太郎の《花》を素材にクリエイティブなラップを作ることができるのであれば、本来それは喜ばしいことである。滝廉太郎が現代のサンプリング文化に対する造詣をもっていれば、子どものラップ創作を拒絶したりしないだろう。しかし、「文化の継承」を志向する意識が「滝廉太郎の《花》はかくあるべし」という教育観を生む。そして、そのような「文化の継承」としての教育観は、時に学習者を抑圧するのである。

音楽の非論理的性質と「作者の死」

このような音楽教育の非対称構造について、アメリカの音楽教育哲学者ランドール・エヴェレット・アルサップは危機感を募らせる。アルサップは、地元の高校では優秀な歌手として認められていた生徒が有名音楽大学に入学した途端に「非音楽的だ」と言われてしまうような音楽教育の在り方を強く問題視する[41]。学びのコミュニティが変化すれば相対的な評価も上下する、というのは一見するとごく自然なことのように思われるだろう。より熟達した生徒が集まる音大に行けば、多少の挫折もあってしかるべきだ、と考える読者もいるかもしれない。しかし、アルサップによれば、音楽固有の特質がこの問題を複雑にしているのである。

アルサップは、あらゆる音楽的伝統がパラロジカル（paralogical、非論理的）な現象として始まったことを指摘する[42]。人類にとっての初めての音楽がどのように始まったのか今となっては確かめようがないが、その原初の音楽が始まった瞬間には言語化可能な「良い表現」「正しい奏法」についてのロジカルな説明などなかったはずだ。人間は、自然の生み出す音や自らが紡ぐ音と戯れながら、単にミュージッキングしていただけだろう。原初の音楽には、音に関わる身体と、そこから紡がれる音が存在していただけである。しかし、プラトン以降の西洋哲学は、その音を出す行為や表現そのものに意味や理由を求めるようになる[43]。本来そこに言葉で説明できる論理などなかったはずなのに、「音楽は何の役に立つのか」「良い表現とはどのようにして定義されるのか」等、言葉を用いたロジックによる説明が求められるようになったのである。そのようにして「良さや美しさ」を管理する人間が誕生する。それがオーソリティ（authority、権威ある人）である。

しかし音楽において、「良さや美しさ」に普遍的な法則は存在しない。この「良さ」の恣意性は、クラシック音楽における良いサックスの音とジャズにおける良いサックスの音を比較すれば一目瞭然であろう。両者の音を科学的に成分分析したところでどちらの音色の方が「良い」と言えるのか明らかにすることはできない。両者間の差異が強調されるだけだ。また、西洋音楽のマーチを演奏する際には、打楽器と旋律楽器はぴったりと合っていることが「良い」とされるが、hip-hopにおいてはドラムのビートに対して旋律がやや遅れるレイドバック（laid-back）が「良い」とされることもある。あらゆる音楽文化に共通する「良さや美しさ」などは存在しないのである。特定文化における「良い表現とはこういうものだ」という規準は、音楽が誕生したときのマナーに則りパラロジカルに生まれる。それは本来偶発的で流動的なものであったはずだ。しかし、その規準が明確に固定され、他者からの管理が実行されるようになった時、すなわち「オーソリティやオーセンティシティが『発見』された時」、音楽する個人を抑圧する「法（the Law）」が誕生するのである[44]。

このようなアルサップの発想の根底には、序論でも触れたポスト構造主義の重要な思想家ロラン・バルトの「作者の死」の概念がある。スモールが批判したモノとしての音楽においても、あるいは伝統的な文学作品においても、私たちはそこから「作者の真意」を読み取らなければならないと考えがちである。しかしバルトはそのような「読み取られるべき唯一絶対の真意」が存在することに疑問を呈する。バルトは、文章を作者の意図が内包されオーソライズされた「作品」として捉えるのではなく、解釈に開かれた「テクスト」として読む可能性を示し、伝統的な作者主体の文芸論を脱して読者主体の文芸論を打ち立てた[45]。「テクスト」としての文学作品はその時々の読者によって異なる解釈が成され得る。バルトの「作者の死」という概念は、過去の偉人や伝統が現代の我々の創造性をむしろ狭めてしまっていることに対するアンチテーゼである。バルトは、今に生きる人がもつべき表現の権利を真に尊重する立場を示したのであった。

そして、アルサップはバルトの思想を音楽や音楽教育に応用する。私たちは特定の音楽表現をどのようにでも評価することができるし、そこから新たな意味を創造できる。アルサップが想定する音楽教育とは、オーソリティが定めた「法」としての「良さや美しさ」を後世に継承させる営みに留まらない。アルサップは、オーソリティが定めたオーセンティックな「良さや美しさ」をヒントとして捉えながら、学習者自身が新たな表現や解釈を創出できるような音楽教育実践、そしてそれが教師にも評価されるような音楽教育実践の可能性を示唆しているのである。

したがって、アルサップは音楽におけるあらゆる「良さや美しさ」の規準を排斥しようとしているわけではない。アルサップが目指すのは、現存する規範を別の規範に取り替えたり、あるいは全ての規範を無効にしたりすることではなく、「変化と修復に対してオープンで柔軟な規範を着想すること」[46]である。「良さや美しさ」の規準は実践の蓄積の中で自然と醸成されるが、それらは常に「変化と修復」に対して開かれていなければならない。アルサップが目指す音楽教育の場においては、「良さや美しさ」の規準を教師が「知る者」

として独占的に管理するのではなく、学習者である子ども自身もその規準の策定に参与することが求められるのである。例えば、クラシック音楽のような再現芸術の教育において、学習者が楽譜から逸脱した音高を演奏すればそれはミスとして修正の対象になる。しかし、アルサップからすれば、「楽譜から逸脱した音高での演奏表現の是非を判定するプロセスは、オーソリティとしての教師のみならず読者としての生徒にも開かれているべきだ」ということになるのだろう。

徒弟制度の脱構築

アルサップの音楽教育論は、「文化の継承」を前提とする音楽教育に慣れ親しんだ私たちには奇異に映るだろう。また、前節で触れたフレイレの哲学を含め、「音楽科教育の存在意義」を論じる本書があまりに抽象的でメタフォリカルな議論に拘泥している点を疑問に思われたかもしれない。しかし、アルサップやフレイレの懸念は、私たちの音楽経験を振り返っても確かなものとして実感できるはずだ。ここで、これまでの議論を具体に落とし込むために、筆者の経験談を示しておこう。

筆者は高校で吹奏楽部に入り、サキソフォンを始めた。部員たちとのアンサンブルを楽しみながらも学校外でレッスンを受けていた筆者は、師匠であるプロ奏者が示す「クラシカルサキソフォンにおける良い音、良い表現」に夢中になっていた。クラシック音楽における「良い（とされる）表現」をしたいと心から望んでいた。しかしある時、師匠が望む音を出せないことが酷く自分を苦しめていることに気がつく。そして、そのような自分の音はクラシック音楽に関わるコミュニティの人々からも馬鹿にされているのではないかという疑心暗鬼に駆られるようになる。そのような疑心暗鬼は、自分が教育学部の音楽科で西洋音楽と教育を専攻するようになり、「（西洋）音楽の専門家」に片足を突っ込んだあたりからさらに強化される。オーセンティックな「（西洋）音楽の専門家」を堂々と名乗れるようになりたいのに、なかなかそうはなれない。そんなどうしようもないもどかしさを、当時の筆者は強く感じていた。

演奏を専門的に学んでいる大学生は、中学校や高校の吹奏楽部にレッスンをしに行くことも多い。筆者もその例外ではなかった。そして、自分がレッスンをしに行っている中学校の吹奏楽部では、「マーチを演奏するにはこういう発音じゃなきゃだめなんだよ」というように自らを「知る者」、子どもたちを「知らない者」として設定し指導をせざるを得ない。筆者がサキソフォンを始めたばかりの頃に感じていた無垢な魅力、演奏や音楽に対するパラロジカルな欲求は、「オーセンティックなクラシック音楽」「クラシック音楽における良い表現」に絡め取られていた。大学では自分の無能さに打ちひしがれながらも、子どもの前では「知る者」として振る舞わなければならないこの矛盾が、筆者を苦しめていたことは確かである。筆者は、専門教育を受けることで音楽に「法」としてのオーセンティシティを発見してしまったのだろう。

そして、そのような矛盾に満ちた態度は、当時筆者のレッスンを受けていた吹奏楽部の子どもたちにも伝播していた。日本の吹奏楽部で取り扱われている作品の「良い表現」は、西洋音楽的価値観をベースに醸成されている。しかし、吹奏楽部に入学したばかりの子どもたちは、当然ながら西洋音楽における「良い表現」の規準をクリアに把握できていない。したがって、顧問や筆者のようなレッスン講師から「良いピッチはこう」「正しいリズムはこう」と教わることになる。しかし、生徒たちは「良い表現」を自らの価値観で捉えることが必ずしもできるわけではない。結果的に、彼らはチューナーの針の位置や大音量で鳴らされるメトロノームを頼りに、大人に教わった「良い表現」を模索するようになる。そして筆者の指導を受けた一年生たちが上級生になりパートリーダーになった時、彼らはすっかり抑圧者的視点を内面化してしまっている。彼らもまた悪気なく、よかれと思って、「知らない者」としての後輩にチューナーやメトロノームに合った演奏を強いるのである。このような事例はアルサップやフレイレの懸念がまさに表面化しているエピソードであると言えるだろう。吹奏楽部において、講師が教える「良い表現」やメトロノームはいつの間にか「法」となり、上級生は抑圧的なオーソリティとなる。権威としての上級生に従順に従う下級生の姿は、吹奏楽部文化ではむしろ美談にさえなっている。恐ろしいことだ。大学生だった当時の筆者は、このような状況の再生産に加担してしまっていた。

アルサップは、「良さや美しさ」の規準が「法」として継承され、学習者がそれに抑圧されるような音楽教育を強く問題視する。そして、そのような音楽教育を生み出しがちな教育方法論として徒弟制度を挙げ、次のように痛烈に批判する[47]。

師匠と弟子（Master-apprentice）の関係性の利点は人的犠牲とともに成り立っており、この犠牲は、それが多すぎないのだとしても、民主的な社会の価値観に相反するものである。

衝撃的な文章である。アルサップは、多くの人が当たり前だと捉え何なら美化さえしてきた「師匠と弟子の関係性」が多くの犠牲者を生んでいることを指摘し、そしてそれが「民主的な社会の価値観」に反しているとまで主張する。筆者は彼の書籍を読んだ時、これまでに培ってきた音楽教育に対する見方がその基礎から崩れ落ち、そして再構成されるような感覚を覚えた。

右記引用部分は間接的にエリオットの音楽教育論に対する批判である。先述したようにエリオットが推奨したのは非民主的な伝統的徒弟制度ではなくあくまで認知的徒弟制度なので、エリオットの音楽教育論が「民主的な社会の価値観に相反する」とまで言われるべきかどうかは検討の余地があるだろう。エリオット自身もアルサップに反論しており、「自分は Master-apprentice などという言葉は一度も使っていない、自分が重視するのはあくまで認知的徒弟制度である」と述べたうえで、師匠が絶対的権威にならずむしろある種のメンターとして学習者を見守るような教育実践を想定していることを強調した[48]。

確かにエリオットは伝統的徒弟制度に見られるような抑圧的な指導を想定していたわけではない。伝統的徒弟制度と認知的徒弟制度は、教育の方法論としては別物だと見なされるべきだろう。そして、エリオットは「音楽の文脈依存性」を尊重していたからこそ、徒弟制度の民主化を提案したのだった。しかし、アルサップの懸念は、教育の場で教師が非民主的で抑圧的な権威になること自体への危惧に留まるものではない。アルサップの主たる問題意識は、音楽における「良い表現」の規準、すなわち「美の規準」が学習者に対して抑圧的な「法」として機能することへの懸念にあるのだ。いくら認知的徒弟制度を敷いて民主的な教育方法を取ったとしても、学習者の最終到達地点がオーセンティックな「良い（とされる）表現」に固定されているのだとしたら、それは結局のところ教育ではなく保存なのではないか。その意味で、既存の音楽的文脈は学習者を閉じ込める檻として機能してしまうのではないか。私たちは、「良さや美しさ」の規準でさえも学習者に明け渡してしまう勇気をもつ必要があるのではないか。アルサップのオープンマインドな音楽教育論はそのようなものだ。オーソリティとしての師匠が「良い表現」を管理している限り、アルサップの理想は実現しないのである。

アルサップの哲学は非常に魅力的だ。教育の非対称性を脱構築するようなポスト構造主義的なアルサップの論考は、音楽科教育の目的論に関心のある筆者や読者にインパクトのある示唆を与えてくれている。しかしここで冷静に考えてみたい。音楽科に限らず、あらゆる教育は知識の保存を一定程度志向することで成立している。我々が用いる言語や数字でさえ、先人がその使い方をある種の「法」として若者の身体と脳に保存してきたからこそ、現代人はその恩恵を受けているのである。「文化の継承」は他領域においてはむしろ当たり前で、大きな問題になっていないようにも見える。ではなぜ音楽科教育においては「教育＝保存」の等式がことさら問題視されるのだろうか。この点を考える上では美の恣意性（勝手気ままであること）について検討しておく必要があるだろう。次節ではソシュールの記号論を援用しながら音楽における美の恣意性について検討してみたい。

5 美の恣意性──F・ソシュールの記号論

シニフィアンとシニフィエの恣意的なつながり

美の規準が恣意的（自由で勝手気まま）であるとはどういうことか。本節では、構造主義の根幹的思想を打ち立てたフェルディナン・ド・ソシュール（一八五七-一九一三）の記号論について触れておこう。ソシュールの専門は言語学であるが、その論考の根幹にある構造主義的発想は様々なジャンルの研究や思想に応用されている。そして、ソシュールの仕事の中でも最も重要な功績は、言語がシニフィアン（signifier、意味するもの、形式）とシニフィエ（signified、意味されるもの、内容）の恣意的な結びつきでできている、ということを指摘した点である。

具体的に考えてみよう。例えばここに木が生えているとする。この物体は日本語では

「き」と呼ぶことになっている。国際音声記号（IPA: International Phonetic Alphabet）の表記方法に則るとその発音は［ki］となるようだ。このような、文字や音声それ自体がシニフィアンである。そして、日本語圏に住む私たちは、［ki］という音声に触れると「固い幹と枝を持つ植物」をイメージすることができる。この「固い幹と枝を持つ植物」というイメージ、概念がシニフィエである。

日本語圏では［ki］というシニフィアンと「固い幹と枝を持つ植物」というシニフィエは当たり前のように結びつけて考えられているが、この結びつきは英語圏では通用しない。英語圏の人々は、「固い幹と枝を持つ植物」というシニフィエに対し、treeという文字のシニフィアン、［triː］という音声のシニフィアンを結びつけている。同じシニフィエに対して日本語圏と英語圏とでは異なるシニフィアンが与えられるのはなぜだろうか。この不思議をソシュールは、シニフィアンとシニフィエの結びつきはそもそも恣意的である、と分析した[49]。つまり、［ki］というシニフィアンと「固い幹と枝を持つ植物」というシニフィエの間に、自然科学的・本質的な関連性はなく、誰かが「これをなんと名付ければいいのだろう……［ka］でも［ri］でもいいのだけど……よし、とりあえず［ki］と呼ぼう！」という具合に恣意的に決定した、とソシュールは考えたのである。もしシニフィアンとシニフィエの間に自然科学的・本質的な繋がりがあるのだとしたら、「固い幹と枝を持つ植物」は世界中で似たような呼ばれ方をしているはずだ。しかし[ki]と[tri:]の間にある僅かな共通点は、「固い幹と枝を持つ植物」の本質から抽出されたものではなさそうである。

なお、近年では言語のアイコン性（シニフィアンがシニフィエの形式的特徴を捉えていること）や、言語理解に関わる人間の身体的経験（記号接地）の重要性が強調されるようになり、「シニフィアンとシニフィエの繋がりには一切の合理性がない」とする説は否定されつつある。しかし、それでも言語の体系に一定の恣意性があること、そしてその恣意性は文化依存的であること自体は認められているようだ[50]。

このようなシニフィアンとシニフィエの恣意的な繋がりに支えられる言語は、その言語が使われるコミュニティの中での歴史的・社会的合意のおかげでコミュニケーションツールとして機能している。日本語圏における「はい」という音声のシニフィアンは「肯定」や「同意」のシニフィエをとるが、英語圏ではよく似た音声がhigh、つまり「高い」というシニフィエをとる[51]。我々が「はい」という音声を使って人々とコミュニケーションを取ることができる、という事実は、日本語圏において「はい」を「肯定」の意味で用いるという歴史的・社会的合意を前提としているのである。そして、「はい」という音声自体をどれだけ分析しても「肯定」や「同意」、あるいは「高い（high）」に関する成分は抽出されない。言語の意味は、歴史的・社会的合意が作っているのである。

「良さや美しさ」は音響に内在しない

さて、これを音楽に当てはめて考えてみよう。例えば、ルネサンスの時代においては、華美な装飾や劇的な展開がなく恒久的な調和を感じさせる様な構造の音楽が「美しい」とされていた。いわゆる均整美と呼ばれる価値観が「良さや美しさ」の規準になっていたのである。しかし、このような音楽は多くの現代人の耳には少々退屈に聞こえるようだ。ジヨスカン・デ・プレの《アヴェ・マリア》はまさに均整美を備えたルネサンス期の傑作であるが、初等教育を専攻する大学生に授業で聴かせると、あまりの変化の無さに眠そうにする学生が頻出するほどである。一方、ルネサンスに続くバロック時代の音楽は均整美とは対照的な性格をもつ。ヴァイオリン等の旋律楽器で演奏されるきらびやかで装飾的な上声部と、チェロやチェンバロによって演奏される通奏低音とが相互に刺激し合うような丁々発止の構造からは、均整美とは全く異なる価値観が垣間見える。均整美の価値観に慣れていた当時の人々は、バロック音楽の構造を「歪」だと捉えたという。「バロック」とは「歪んだ真珠」を意味するポルトガル語の「バロコ（barroco)」に由来する蔑称であった、というのは美術史、西洋音楽史の定説である。しかし、言うまでもなく現代においてバッハの作品を含むバロック時代の音楽は「歪」だとは思われていない。

つまり、同一文化圏においても「美しさ」の規準はある意味恣意的な歴史的・社会的合意によって決まっており、さらにそれは言語よりも早い周期で変化している、ということだ。ルネサンスからバロックに移行する際、人間の「美しい」と感じる感覚器官としての心の在り様がまるごと変化したわけではない。「何を美しいとするのか」というルール、概念、すなわちシニフィエが組み替えられていったのである。例えば、ルネサンスの時代には「変化の少ない調和の取れた音響構造」を備えたシニフィアンが「美しい」と評価されるので、同時期に華美な装飾を付けたパフォーマンスをした人がいたとしたら、その演奏は「美しい」とは評価されないだろう。しかし、その演奏家をバロック時代や現代にタイムスリップさせたなら、彼の演奏は「美しい」と評価されるかもしれない。「美しい」という価値は、特定の音響の中に存在しているわけではないのである。

もちろんこれは、特定の演奏表現というシニフィアンが「美しい」というシニフィエを

「意味する」、という直接的なシニフィアン／シニフィエの記号論的結びつきを示唆しているわけではない。あくまでソシュールの記号論を援用したメタフォリカルな構造主義的考察である。しかし、あえて立ち止まって考察してみよう。演奏そのものの非言語的肌理から離れ、その演奏の「美しさ」について言語で思考するのであれば、そこには「音楽すること」ではなく「音楽について考えること」が生起することになる。そして「良さや美しさ」という視点から「音楽について考える」営みそのものは音楽ではなく美学である。以上を踏まえると、「音楽について考えること」が生起する時、音響と概念はシニフィアン／シニフィエの記号関係を結んでいる、と言ってもいいのかもしれない。今田は「音そのものであるはずの音楽に、言葉による意味作用が生じ、技術という価値体系が形成される」と指摘し、価値体系に忖度する技術を〈媚びる手指〉という概念で批判的に捉える[52]。

音楽における「良さや美しさ」の規準は普遍的でも絶対的でもない。ソシュールの記号論は、特定の音響には「美しさ」が内在しているはずだ、という私たちの常識を相対化する。「良さや美しさ」は音響に内在しない。「良さや美しさ」とは、音響の周りを虚ろに彷徨う言語による価値体系である。〈媚びる手指〉という強烈なパンチラインは、本来音響に寄り添っていたはずの身体が言語による概念と癒着してしまう、というおかしな倒錯を揶揄している。

音楽科教育と記号論

ここで、ソシュールの記号論を音楽科教育に援用するために、アルサップの問題提起に立ち返えってみよう。アルサップが徒弟制度を批判しているのは、単に徒弟制度という教育方法論の非民主的側面を問題視しているからではない。過去に恣意的に決定された「良さや美しさ」の規準を絶対視させかねないような閉じた構造を問題視しているのである。徒弟制度を認知的徒弟制度に組み替え、いわば学習者が主体的に学んだとしても、最終的に弟子が到達するのが「特定文化で過去に良いとされていた表現」であり、それが教育によって仕組まれているのだとしたら、音楽教育は保存でしかない。アルサップの徒弟制度批判は、「特定文化にのみ通用する美しさ」というその大部分が恣意的に決定される概念を学習者の感覚にインストールしようとすることの不条理に向けられているのである。そして、ソシュールの記号論は、「良さや美しさ」の規準が音響そのものから遊離した言語的概念であることを示唆する。だとしたら音楽教育とは一体何なのだろう。

アルサップの問題意識は、現代の音楽科教育の実際を想定するとよく理解できる。例えば、山田耕筰の《赤とんぼ》の音量表現を工夫する歌唱の授業があったとしよう。教師は、音量に関する発想記号（crescendo や mf 等）を消した《赤とんぼ》の楽譜を配布したうえで、「みんなで良いと思う音量表現について話し合ってみよう」と問いかけたとする。従順な生徒は《赤とんぼ》の旋律の形や歌詞を根拠に音量表現を工夫するかもしれない。一通り生徒のディスカッションが終わり、生徒の意見が実際に演奏で試され、いよいよ授業のまとめとして山田耕筰本人が楽譜に示した音量記号が示される。さて、生徒は自分たちの音量表現の工夫をどのように自己省察するだろうか。おそらく少なくない生徒が「色々考えたけど、結局山田耕筰本人が書いてるものが正解なのだ」と感じるだろう。確かに山田耕筰は優れた作曲家であり、彼のつけた音量記号は古典派からロマン派初期までの西洋音楽的文脈において妥当なものである。しかし、生徒が設定した一見すると破茶滅茶な音量記号は、ポピュラーミュージックやバロック時代のコンテクストにずらしてしまえば、効果的な表現になるかもしれない。「良い表現」の規準は容易に推移する。ソシュールの記号論を踏まえれば、「山田耕筰の音量表現＝美しい表現」という記号関係を生徒に学習させることに本質的な意味は無いはずだ。また、この授業をしている教師自身も、そんなことを教えたくて生徒に音量表現の工夫をさせたわけではないはずだ。にも関わらず、この授業には無垢な音響そのものではなく恣意的に決められた言語による価値体系を重視させてしまうような構造がある。アルサップの懸念はここにある。

序論で触れたように、「特定文化にのみ通用する美しさ」を自ら欲している人に対して音楽教育をする場合、この不条理はさして問題にならないのかもしれない。クラシックピアノ教室に自ら通う生徒に対して、教師がお手本を弾き、「バッハはこのように演奏するのが良いんですよ」と教えるような指導は一般的だ。特定音響と「良い」という概念の結びつきを強化していく音楽教育は、プライベートレッスンの場で生徒自身がその限定的で特殊な知識を望んでいることを鑑みれば、「良い教育」といってもいいのかもしれない。しかし、公教育という特殊な場で音楽という特殊な営為を教える、という二重の特殊性を有する音楽科教育について考慮するのであれば、アルサップの指摘の重要性は特筆すべきである。教師が権威の看板を下ろせば「学習プロセスの主体性」は担保されるかもしれない。しかし、「良さや美しさ」の規準が絶対的ルールとして存在している限り「パラロジカルな表現としての主体性」が担保されることはない。アルサップは特に後者の重要性を強調しているのである。そして、「パラロジカルな表現としての主体性」を担保するには、シニフィエを取らないピュアな音響そのものに対するリスペクトが必要になる。

音楽が誕生した経緯に意味や理由はおそらくない。そして、そこに生まれた「良さや美しさ」の規準にも通時的・共時的な客観性はない。ピタゴラスが発見した協和音程の数学的法則は、和音単体でみた時に「客観的な美しさ」を説明しうるが、音楽全体を対象にした時その規準の客観性は霧散する[53]。なにより、協和音の体系を「美しい」とする感覚は普遍ではない。特定音楽文化における「良さや美しさ」の規準の中にはある程度の客観性を見つけることは可能かもしれないが、エリオットがいうところのMUSICS、すなわち世界中のあらゆる音楽実践に共通する客観的な「良さや美しさ」の規準を発見することはできないだろう。音楽科教育が対象にするのはMUSICSである。そして、我々はそこに「子どもたちが今後聴き取り生み出すかもしれない未知の音楽」も加えるべきだ。

ソシュールが示唆するように、「良さや美しさ」の規準は文化依存的であり、恣意的であり、音そのものの外にある。特定の音響に「良さや美しさ」が内在しないのだとしたら、音楽科教師は子どもに何を教えていたのだろう。音楽を教えるとはどういう営みなのだろう。そもそも音楽とはなんなのだろう。ソシュールによって「良さや美しさ」の規準の恣意性が示唆された今、音楽科教育の存在意義はどこに見い出されるべきなのだろうか。

6 音楽に対する記述的接近の公教育的限界

ここまでに、「音楽とはなにか」という重要なテーマについて、記述的な視点でアプローチした人々の言説とその問題点をピックアップしてきた。スモールは、「音楽＝作品」だとされてきた従来的なモノ的音楽観を相対化し、行為としての音楽、出来事としての音楽の在り方をあぶり出した。そしてエリオットは、そのような音楽観を踏襲しつつ、それらを音楽教育の場に導入するために認知的徒弟制度の有用性を主張した。彼らの音楽に対する解像感の高い認識は、「世界中に存在する音楽という現象の特徴とはなにか」という記述的な問いに対して有用な回答を提供していると言えるだろう。

しかし、フレイレやアルサップが指摘するように、世界中の音楽的現象に付随して実施されている教育的営みには大きな問題が潜んでいる。それは「教える者」と「教えられる者」の非対称性である。フレイレによる「銀行型教育」の概念は、これまで見過ごされてきた教育現場における権力関係を可視化し、教育が学習者の主体性を奪っている可能性を描き出した。そして、そのような権力関係は、音楽教育という特殊な営みの場においてより一層複雑な問題になる。本来パラロジカルに始まったはずの音楽にオーソリティやオーセンティシティが発見される時、それは音楽する人にとって抑圧的な「法」になる。確かに、特定音楽文化の中で醸成されてきた「良い表現」を後世に継承させることは、人間という種の発展を通時的に考えた時、一定程度重要であろう。しかし、そのような「文化の継承」としての音楽教育を実施する上では、教師が「知る者」となり学習者が「知らない者」となる構図を回避することはおそらく難しい。なぜなら、ソシュールが示唆するように、特定文化における「良さや美しさ」の規準は、過去に恣意的に決定されるからだ。学習者がどれだけ音を観察しても、音の内側から「良さや美しさ」の規準が滲み出ることはない。「良さや美しさ」の規準は、音の外にある言語的概念だからだ。「文化の継承」において、学習者が「知る者」になるという事態は基本的に生起し得ない。

もちろん、これは音楽に限らずあらゆる分野において生じていることでもある。我々が「音」という漢字をみて「オト」と発音するのも、H_2Oという元素記号を水だと捉えるのも、全て過去のオーソリティが決めた恣意的なルールに過ぎない。各教科ではそれをありがたく学んでいる、という点では音楽科教育が他教科と同様「文化の継承」に特化しているのも悪いことではないように思われる。

しかし、ルールの恣意性は、MUSICSおよび未来の音楽を対象にする音楽科の場合特に問題になる。例えば、教科教育の場において、「水（H_2O）は水素（H）と酸素（O）でできている」という知識は絶対に正しい。学術レベルではそうは言い切れない場合もあるかもしれないし、もっと言えばあらゆる学問の基礎をなす実証的なデータでさえ本来は「現段階で最も有力な仮説」に過ぎないわけだが、少なくとも教科教育の場では「水は酸素と水素でできている」という知識を絶対に正しいものとして話を進めることが前提になっている。そしてその前提を基礎にしているからこそ、学習者には理科という教科の内容に縦横無尽にアプローチできる可能性が開かれているのである。確固たる前提としての基礎的知識をもった子どもは、最終的に化学という親学問の本質的理解に至れるかもしれない。しかし、音楽科に関しては、絶対的に美しい声、絶対的に良い表現といった基礎を前提することができない。「メトロノームに合わせて手拍子をすることができる」というのはいくつかの文化の音楽を演奏する上で役に立つ基礎的技術だが、「メトロノームに合った演奏が絶対に良い・美しい」と言い切ることはできないのである。

仮に、「滝廉太郎の《花》の冒頭部分はこんな風に歌うのが絶対に正しい」という断定的知識を発見できたとしよう。そして、それを公教育の場で全ての子どもに教えることが妥当だと見なされたとしよう。では、その滝廉太郎の《花》を歌唱する上での絶対的正解は、ビートルズの《Let It Be》や《越天楽》やケチャを学習する際にどのように繋がっていくのだろうか。英語とドイツ語には文法的類似性が認められるが、異文化間の音楽に構文的類似性は多いとはいえない。これは序論で言及した普遍項研究を参照すれば明らかであろう。なぜなら、音楽とは本来的にパラロジカルなものだからだ。特定音楽文化の中でだけ通用する基礎を見つけたとしても、MUSICS全体に通用する基礎は存在しない。様々な音楽文化を一つ一つ勉強する帰納的学習ではMUSICSの本質らしきものにはたどり着けないし、かといってMUSICSの本質を事前に抽出して演繹的に学ばせるような発想も現実的ではない。そもそも「MUSICSの本質」のようなものを想定すること自体がほとんど無理なのだ。このような学習体系の危うさこそが、音楽科が直面しているアポリアでもある。

いずれにせよ、本章で取り上げてきた思想家たちの言説を総括して得られる示唆は、音楽科教育が存在しなければならない理由を積極的に論じようと思った時、「文化の継承」

としての音楽教育には理論基盤としての脆弱性が内在している、ということだろう。過去にどこかの誰かが作った「良さや美しさ」の規準を音響とともに提示するような教育には、公共性があるとは言い難い。そのような限定的知識にことさら興味のある人を除き、多くの人にとっては骨董趣味になってしまうだろう。「中国ではこれが美しい表現とされていたんだよ、知っておいてね」という指導は、音楽のパラロジカルな性質にむしろ逆行しているのである。では、私たちは何を目的に音楽科教育を実施すればよいのだろうか。音響に美が内在しないのだとしたら、そもそも音楽とは何なのだろうか。本章冒頭の問いに戻ってきてしまった。やはり記述的問いには限界があったようだ。

記述的問いから音楽を定義しようとする試みには限界があるが、言うまでもなく記述的問いが不毛だったわけではない。私たちは、記述的問いによって得られた知見をもとに、規範的問いへと進まなければならない。「音楽とはなにか」から、公教育において「音楽とはどうあるべきか」へと問いを変換しなければならない。音楽科教育はどうあるべきなのだろうか。音楽科教育は何を音楽だと見なすべきなのだろうか。次章からは、いよいよ規範的問いをもって音楽と音楽科教育に迫る。

参考文献および注

18 C・スモール／野澤豊一、西島千尋訳（二〇一一）『ミュージッキング—音楽は〈行為〉である』水声社

19 同前書、p.25。スモールが引用したストラヴィンスキーの書籍及びその邦訳版は以下の通り：Stravinsky, I.（1947）, *Poetics of Music*, Harvard University Press, C・ストラヴィンスキー／佐藤浩訳（一九五五）『音楽とは何か』ダヴィッド社

20 同前書、pp.24-29より筆者要約

21 同前書、p.29

22 同前書、pp.30-31

23 Elliott, D. J., Silverman, M.（2014）, *Music Matters*, Oxford University Press, p.105

24 同前書

25 同前書

26 同前書

27 同前書

28 堀江貴文（二〇一八）『堀江貴文VS. 鮨職人 鮨屋に修行は必要か？』ぴあ株式会社、p.14

29 同前書、pp.14-15

30 東京すしアカデミー、https://www.sushiacademy.co.jp

31 Elliott, D. J., Silverman, M.（2014）, *Music Matters*, Oxford University Press, p.399

32 同前書、p.424

33 Collins, A., Brown, J. S., Holum, A.（1991）, “Cognitive Apprenticeship: Making Thinking Visible”, Reprinted with permission from the Winter 1991 issue of the *AMERICAN EDUCATOR, the quarterly journal of the American Federation of Teachers.*

34 Allsup（2016）は、*Remixing the Classroom: Toward an Open Philosophy of Music Education* において、デヴィッド・ゲルブ監督の映画〝Jiro Dreams of Sushi（邦題：『次郎は鮨の夢を見る』）〟のエピソードを取り上げ、徒弟制度を分析している。

35 P・フレイレ／三砂ちづる訳（二〇一八）『被抑圧者の教育学 50周年記念版』亜紀書房、p.135

36 同前書、pp.133-134

37 同前書、p.303

38 同前書、pp.301-328

39 同前書、p.286

40 同前書、p.305

41 Allsup, R. E.（2016）, *Remixing the Classroom: Toward an Open Philosophy of Music Education.* Indiana University Press, Bloomington, p.9

42 同前書、p.10

43 今田匡彦（二〇一〇）「ことば、音楽、音楽教育をめぐって―反哲学へ」『音楽教育学』40巻1号、pp.36-44

44 Allsup, R. E.（2016）, *Remixing the Classroom: Toward an Open Philosophy of Music Education.* Indiana University Press, Bloomington, p.10. Allsupが指摘する「法」についての論考は拙稿（二〇二

四）「様式的規範に束縛されない集団即興演奏における演奏者の習熟過程―サウンドペインティング実践者に対するインタビューとSCATによるテキスト分析を通して―」『JASMIMジャーナル』を参照のこと。

45 R・バルト／花輪光訳（一九七九）「作者の死」『物語の構造分析』みすず書房

46 Allsup, R. E. (2016), *Remixing the Classroom: Toward an Open Philosophy of Music Education*. Indiana University Press, p.107

47 同前書、p.11

48 Elliott, D. J., Silverman, M. (2017), "On the "Truthiness" of Remixing the Classroom: A Reply to Randall Allsup" *Action, Criticism, and Theory for Music Education*, Vol 16 (1) pp. 124-167

49 F・ソシュール／町田健訳（二〇一六）『新訳 ソシュール一般言語学講義』研究社、p.103

50 今井むつみ、秋田喜美（二〇二三）『言語の本質―ことばはどう生まれ、進化したか』中公新書

51 日本語において肯定を意味する「はい」は国際音声記号で［hai］と表記されるが、英語における「高い」を意味するhighは［haɪ］であり、発音それ自体は厳密には異なる。しかし、［hai］を「肯定」と捉える歴史的・社会的合意がある日本において［haɪ］が発音される際、多くの場合それは［hai］として聞かれ「肯定」の意として捉えられるだろう。ここでは言語の恣意性をわかりやすく説明するために「はい」と「high」の事例を挙げており、音声学的厳密さについては一旦留保している。

52 今田匡彦（二〇〇九）「あとがき―音楽家としてのマリー・シェーファー」、R・M・シェーファー、今田匡彦（二〇〇九）『音さがしの本―リトル・サウンド・エデュケーション』春秋社、p.156〈媚びる手指〉について、今田は青柳いづみこの『翼のはえた指』（白水社、一九九九）を参照しているようだ。

53 佐々木健一（一九九五）「美」『美学辞典』東京大学出版会、p.14

第二章

音楽への規範的接近

① 教科教育と学問領域の規範性――G・ビースタの測定主義批判

音楽科教育と親学問としての音楽

スモールは「現在世界で音楽だと見なされている現象の客観的特徴はなにか」という記述的な問いに対して有益な回答を示したが、一方で「音楽科教育において何を音楽だと見なすべきか」という規範的な問いには明確な答えを出していない。スモールは社会学的視点から音楽を分析したのだから、当然といえば当然である。

そのような姿勢は、自らが作った造語であるミュージッキングに対してのスモールの説明にも現れている[54]。

「音楽する」という動詞は価値判断とは無縁だ、ということだ。これは記述のための言葉であって規範的な言葉ではない。だから、ある行為が積極的か消極的か、私たちが好むか好まないか、面白いと思うか退屈と思うか、建設的か非建設的か、共感するかしないかに関わらず、すべての音楽パフォーマンスをカバーしている。こんなことをわざわざ言うのは、「誰もが音楽するべきだ！」とか「ウォークマンを聴くことはミュージッキングではない」ということを言いだす人びとがいるからだ。

スモールは、あくまで音楽社会学的視点から世の中の音楽的現象を記述的に捉えるためにミュージッキングという創造的な造語を提案した。したがって、序論でも述べたように、「コンサートホールの清掃もミュージッキングを成立させる要素の一つなのだから、学校では子どもにホールの清掃も経験させるべきだ」のようなイデオロギーを、ミュージッキングはそのうちに内包していない。スモールの著書を翻訳した西島が指摘するように、スモールは教師であったにも関わらず学校教育に対して悲観的だった[55]。スモールが「公教育としての音楽科教育はかくあるべし」という規範を積極的に示さなかったのは、学校教育が抱える様々なアポリアに対してある種の無力感を覚えていたからなのかもしれない。

私たちは音楽という現象にリスペクトを持つあまり、音楽実践そのものと音楽科教育における規範（どのような音楽が公教育において実践されるべきか）を混同して捉えてきた。そのことは、日本の音楽科教員養成課程に西洋音楽の専門家ばかりが配置されていることからもうかがえる。音楽科教育について語り得るのは特定音楽のプロフェッショナルであり、それが西洋音楽の専門家であったならなお安心だ、という発想である。しかし、西洋音楽の専門家が教員養成課程で大学生に対して語り得るのは「西洋音楽はかくあるべし」である。それはスモールが語った「(西洋音楽を含む）世界の音楽はかくあり」でもなければ、実際に学校の音楽科教育で必要になる「音楽科で実践される音楽はかくあるべし」でもない。もちろん西洋音楽の専門家にもそれらを語ることのできる人材はいるだろう。しかし、おそらくそれは少数派である。

特定音楽の専門家こそが学校教育における音楽の規範について語り得るのだ、という姿勢は、アメリカにおいては一九五七年に起きたスプートニク・ショック以降の教育改革によってより顕著になった。科学の最先端を牽引していると自負していた当時のアメリカにとって、旧ソ連に人工衛星の打ち上げを先んじられたことは大変にインパクトがあった。そして、そのような科学技術の相対的遅れの原因は学校教育に見い出される。教科教育の中で取り扱われている内容があまりに親学問と乖離しているから科学が発展しないのだ、という批判である。学校で実施される物理の授業で育まれるのは、一流の物理学者の知的営みとはかけ離れた単純な作業能力であった。スプートニク・ショック以降の教育改革の根底には、学校では「学校用の物理」を教えるのではなく物理学の本質を教えるべきだ、という発想があった。ブルーナーの「どの教科でも、知的性格をそのままにたもって、発達のどの段階のどの子どもにも効果的に教えることができる」[56]という有名な一節は、このような教育改革の理論基盤になっていた。

ブルーナーの流儀に則るのであれば、私たちは学校で「歌詞が現す情景を思い浮かべながら歌いましょう」などという指導をすべきではないのだろう。プロミュージシャンで頭の中に映像を思い浮かべながらそれに浸りきって歌っている人は少ないと思われる。多くのミュージシャンは、丁寧に音を聴いたり、効果的に身体を使って音を生み出すことに集中したり、オーディエンスの反応を見たりしながら音楽しているはずだ。あるいはそのような感覚すら消失し、結果的にフローしているはずだ。「歌詞が現す情景を思い浮かべながら歌いましょう」のような、一見するとそれらしいが実際には疑わしい指導を相対化するためにも、一流のミュージシャンの思考を参考にしながら音楽科教育の規範について検討することは重要であろう。そのように考えると、ライブハウス専門の一流クリーニング屋の思考を子どもにトレースさせることでさえも、音楽の新たな側面に迫るミュージッキング的学習だと言えるかもしれない。音楽する一流の人々の本質的思考を参考にしながら音楽科教育のあり方について考察することは非常に重要だ。

「存在―当為問題」と測定主義

しかし、一流のクリーニング屋の思考が音楽という出来事に深く関わっているからといって、それを教科教育の場で取り扱うことが直ちに正当化されるわけではない。なぜなら、教育とは常に規範の問題を含むからだ。教育哲学者のガート・ビースタ（一九五七－）は、かつてヒュームが指摘したとされる「存在―当為問題」について触れ、次のように指摘する[57]。

何がなされるべきかについて決定するときに事実に基づく情報を用いることが常に勧められる一方で、何がなされるべきかは、論理的には決して事実からは引き出されない。（中略）それは、我々が教育の方向性についての決定に関与するときに、常にそして必ず価値判断―何が教育的に望ましいか―を下さなねばならないことを含意している。

「良い教育とはなにか」という問いについて考える際、私たちは様々な「事実」を参照しなければならない。「事実」とは、例えば実証的なデータである。仮に、「幼少期にピアノをやっていた子どもは数理認識能力が優位に高くなる」というデータがあったとしよう。我々が「良い教育」について考える時、この「事実」としてのデータは間違いなく参考になるだろう。しかし、「幼少期にピアノをやっていた子どもは数理認識能力が優位に高くなる」という「事実（～である）」は、「公教育の全ての段階において子どもにはピアノ学習をさせるべきである」という「当為（～すべき）」を必ずしも導かない。なぜなら音楽科教育を通して数理認識能力を優先的に育てることが教育的に「良い」とは必ずしも言えないからだ。同様に、「固定ド唱法で学んだ子どもよりも移動ド唱法で学んだ子どものほうが正確な音高で歌唱するスキルが優位に高くなる」という「事実」が仮にあったとしても、そこから直ちに「公教育では移動ド唱法を取り入れるべきだ」という「当為」を導くことはできない。なぜなら、「正確な音高で歌唱するスキル」を優先的に育てることが絶対的に「良い」とは言い切れないからだ。

ＯＥＣＤによる国際学力調査（ＰＩＳＡ）は、子どもの学力の国際的傾向に対する一つの「事実」を提供してくれている。私たちはこれを参考にして、教育の在り方について考えなければならない。しかし、この調査によって明らかになった「日本の子どもは他国に比べて読解力が低い」という「事実」から、「読解力（思考力・判断力・表現力）を育てるために音楽科を含む全教科で言語活動を充実させるべきである」という「当為」を導くことはできないはずだ。音楽科教育においてまで言語活動を重視するには本来それ相応の理由が必要になるはずだが、全教科に渡って「思考力・判断力・表現力」に紐づけられた言語活動を重視させようとする今回の学習指導要領改定においては、音楽科の特殊性は考慮されなかったようだ。ここには「事実」と「当為」の混同が見られる。

このことは、我々が価値あるものとしているものを実際に測定しているのかどうか、あるいは、我々が容易に測定できるものを測定しており、したがって我々が測定する（できる）ものを価値あるものとしてしまっているに過ぎないのかどうか、という問いと関わっている[58]。

ビースタは、ＰＩＳＡのような学力調査に対して「本当に価値ある学力を測定しているのか」「単に測定しやすいものを測定しているだけなのではないか」「結果として、測定しにくいが重要な何かを捨象してしまっているのではないか」という疑問を投げかけている。音楽科教育において「リコーダーを正確な運指で演奏する技能」が頻繁に評価されるのはそれが子どもの育ちを評価する上で重要だからだろうか、それともそれが単に測定しやすいからだろうか。鑑賞の授業で「知覚したことと感受したことを分けてワークシートに書かせる」のは、それが子どもの音楽鑑賞を有益なものにする上で重要だからだろうか、それともそれが単に評価しやすいからだろうか。創作の授業で「特定の条件に沿った創作」をさせるのは、それが子どもの創作力を育む上で重要だからだろうか、それともそれが単に評価しやすいからだろうか。音楽科の具体的な状況を想定すると、ビースタの指摘の重要性が理解できる。

説明責任（accountability）と応答責任（responsibility）

では、「本来は重要ではあるが測定しにくいもの」はどのように教育の場に導入すべきなのだろうか。ここでビースタは「説明責任（accountability）」と「応答責任（responsibility）」という二つの概念を対置させながら論を展開する。近年、教育現場ではとにかく「説明責任」が重視されがちである。多くの管理職は、「子どもの成績に客観的な証拠がなければ、保護者からのクレームに耐えられない」と考えるだろう。教師は今や「評価の素材を作る」ことに追われながら教育活動を構想している。しかしビースタは、このような「説明責任」の在り方は保護者や子どもに対して何も説明できておらず、むしろ保護者や子どもを教育の環から追い出している、というのである。どういうことか。

例えば、「知識・技能」の評価がCだった子どもの保護者が音楽科教師のところに赴き、「うちの子の知識・技能がCになっているのはなぜですか？」と質問したとしよう。「説明責任」が重視される世の中に身を置くベテランの音楽科教師は、保護者からの質問を予期していたかのように「評価の素材」を示し、「今学期の知識・技能は期末テストの大問一と歌唱の実技試験の結果で評価しています。○○さんは期末テストの大問一が三〇点満点中七点、歌唱の実技試験の結果が一〇〇点中三〇点だったためにCの評価になりました。なお歌唱の実技試験の評価規準と評価基準は……」と淀みなく説明するだろう。そして、そのような数値に基づく説明を受けた保護者はほとんどの場合納得せざるを得ない。数値は我々に端的で明確な「事実」を想起させる。このような客観的指標による評価は、一見すると子どもや保護者に対して手厚く「説明責任」を果たしているように見える。

しかし、「評価の素材」を作ることによって得られる客観的な評価は、ビースタが危惧する「単に測定しやすいものだけを測定しているだけなのではないか」というアポリアを超えるものではない。例えば、曲想に合った表現を工夫する授業があったとして、生徒の歌唱表現が「曲想を踏まえた上で十分に工夫できている」かどうかを客観的指標によって正確に評価し分けることは非常に難しい。それどころか、全ての子どもの表現に対して画一的に適用可能な評価規準を作ろうとすればするほど、子どもの豊かな表現を聴き取ってフィードバックすることは難しくなる。例えば子どもが「評価規準に照らして考えてみると良い評価にならないが総合的には素晴らしいと思える表現の工夫」をした場合、評価の客観性を担保しようとするとその子どもの表現は切り捨てられてしまうだろう。本来、「評価の素材」や評価規準は、子どもの学びや教育の質を向上させるために活用されるべきものである。しかし、客観性を担保することが自己目的化すると、偶発的に起きた素晴らしい表現や学びを切り捨てるような矛盾が生じるのである。そして現代の過剰な「説明責任」は、特に音楽科のような「評価しにくい教科」において、そのような本末転倒な事態を引き起こしているといってもよいだろう。筆者のもとにも「こういう授業をやるときっと良い学びが起きると思うんですが、客観的に評価できないから実施できないんですよね」という教師の嘆きがよく届く。過度な「説明責任」はむしろ子どもの学びを阻害してしまうのである。このような事態は、確かに子どもと保護者を教育の環から追い出していると言えるのかもしれない。

ビースタによれば、「説明責任」はそもそも企業の財務的な文章で用いられてきた語である[59]。したがって、「説明責任」偏重の教育観は、子どもや保護者に対する教育の質に関する説明ではなく、学校を管理するより上の機関、すなわち行政に対する経営的説明に適している。そもそも、子どもや保護者に対して成績（評定）を開示するのは、子どもに自らの学習状況を振り返ってもらい、次の学期からの学習に活かしてもらうためである。もし真に教育の質を向上させるために評定を開示するのであれば、客観的な「評価の素材」を作ることに奔走する前に、「知識・技能」「思考・判断・表現」「主体的に学習に取り組む態度」といった評価の観点について、あるいは音楽科教育の目的について、子どもや保護者に丁寧に説明する必要があるはずだ。しかし、「測定しやすいもの」を対象にして客観的な「評価の素材」を作り、「事実」としての数字で予防線を張っておけば、子どもや保護者が成績に疑問をもつのを防ぐことができる。あえて言葉を選ばずに言えば、数字での予防線は子どもや保護者を合法的に黙らせることができる。そして、子どもや保護者から「成績に関する疑義」が生まれない状態を維持することは、行政による学校の査定をクリアする上でなにより重要になる。ビースタは、「説明責任」の文化がもたらす「教育の経営化」に警鐘を鳴らしているのである。ビースタの指摘は残酷であるが、「説明責任」に苦しむ教育関係者に対して重要な提言をしていると言えるだろう。

では、教育の質保障はどうあるべきなのだろうか。ビースタは、経営的な「説明責任」を脱し、「応答責任」をもって教育に向き合うことの重要性を強調する[60]。「説明責任」が「測定しやすいもの」を根拠に教育を一括管理しようとする経営的概念であるのに対し、「応答責任」は一人一人の子どもとのより個別具体な関わりを要求する概念である。ビースタはいう[61]。

ルールは普遍的である一方、応答責任はそのまさにその「本性」からして、非普遍的で、単独で、唯一無二である。

「応答責任」は個人間での責任関係であって、複数人の他者に対して普遍的に適用されるものではない。そもそも、「全ての子どもの学びや表現を一様に客観的に評価できる評価規準を作る」ような発想は、「応答責任」的ではない。子どもの学びを見取りそれをフィードバックする営みは、子どもと教師の間にある一対一関係の中に生まれるはずだ。先程筆者は子どもが「評価規準に照らして考えてみると良い評価にならないが総合的には素晴らしいと思える表現の工夫」をした場合について述べたが、「応答責任」的な教育においては、このような子どもの表現を認めた上で、個別具体のフィードバックをすべきなのだろう。数字の力で合法的に黙らせるのではなく、このような表現が認められる根拠を、当該の子どもに、そしてその他の子ども一人一人に、丁寧に言葉と態度で示していく必要があるのだろう。そのためには、子どもや保護者に対して音楽科教育の目的や評定の読み取り方についての説明をする必要も出てくるだろう。

ビースタの教育論は非常にラディカルで厳しい。「応答責任」的な教育を愚直に実践しようとすると、教師の負担は計り知れないだろう。しかし一方で、「評価の素材」を徹底して準備し、測定可能な「事実」で防護壁を作る「説明責任」的作業も、教師の心身に甚大な負担をかけている。そして、「評価の素材」で説明可能な子どもの育ちは「測定しやすいもの」でしかないのかもしれない。私たちはどちらの負担を選択すべきなのだろうか。もちろん、二者択一で排他的な選択をする必要はない。現実的に考えて、我々が明日から「説明責任」的教育の一切を手放すことは難しいだろう。しかし、「説明責任」偏重の教育が捨象してきた「本来は大切だが測定しにくいもの」の価値を改めて考え、「応答責任」的な教育の在り方を模索しなければならないこともまた疑いようがない。

我々は世界の音楽に関する記述的な「事実」、そして子どもの育ちに関する測定可能な「事実」を注視することをやめてはならない。しかし、特に音楽科は「本来は大切だが測定しにくいもの」を捨象せず、むしろそれを積極的に踏まえた上で、音楽科教育における「当為」、すなわち「音楽科教育はこうあるべきだ」という規範的な指針を打ち立てなければならない。ビースタの測定主義批判と「存在—当為問題」へのアプローチは、音楽科教育というその大部分が「測定しにくいもの」で構成された領域に対して、特にクリティカルな視点を提供してくれている。では、私たちはどのようにして音楽科教育の「当為」を導けばよいのだろうか。次節では、音楽科教育に規範的なアプローチを示したシェーファーの思想を追う。

② 理念としてのサウンドスケープ——R・マリー・シェーファーの公共的教育観

音楽科教育における過去の目的論

スモールは「世界の音楽はかくあり」を示し、ビースタは教育において「かくあるべし」を示すことの重要性を強調した。では「公教育としての音楽科教育における音楽はかくあるべし」はこれまで提示されてこなかったのか。

例えば、我が国における最初の学習指導要領音楽編（試案）の作成に携わった作曲家の諸井三郎（一九〇三―一九七七）は、音楽教育を情操教育と捉え、音楽美の理解を通して情操を育むことを音楽科教育の目的とした[62]。しかし、諸井の掲げる「音楽美の理解・感得によって高い美的情操と豊かな人間性を養う」[63]という思想は、今日においてあまりにナイーヴだと言わざるを得ない。音楽に触れて涵養される「美的情操」とは一体なんだろうか。諸井は「人間が美しいものを好み、美によって限りない喜びを感ずるのは人間性の最も奥深いものから出て来る」[64]と述べているが、人間が普遍的に好む「美しいもの」を定義することはできない。もしそんなことが可能なのであれば、世界中の音楽実践はかくも多様にならなかったはずだ。そして言うまでもなく「豊かな人間性」の実態も不明瞭である。なにより、諸井の想定する音楽とは当時日本で急速に普及しつつあった西洋芸術音楽であった。

諸井は、スモールが批判した西洋中心のモノ的音楽観に基づき、西洋音楽の作品を「公教育としての音楽科教育が扱うべき音楽」に設定した。西洋音楽の楽曲理解が豊かな情操に繋がるとする諸井の思想は、その一貫性や潔さゆえに興味深くはあるが、「美的情操を育てるために音楽科教育は必要なのだ」という目的論は今日的な音楽科教育に援用できるものではないだろう。

また、エリオットが登場する前のアメリカにおいて最も影響力のあった音楽教育学者であるベネット・リーマー（一九三二―二〇一三）も、「公教育としての音楽科教育において音楽はかくあるべし」を明確に提示した人物である。リーマーは音楽教育を美的教育（aesthetic education）だと見なした上で、音楽芸術が他の学問と同様に現実を「知る」

ための基礎的な方法であるからこそ音楽科教育は必要なのだと力強く主張した[65]。リーマーは、スーザン・ランガーやレナード・メイヤーの美学に基づき、音楽の形式的側面（旋律、和声、音色等）が我々に人間感情を「直接的に経験させる」と指摘する[66]。これは音楽が感情を「意味する」のと同義ではない。音楽における緊張と開放、固定と流動、収縮と膨張といった力動的な性質が人間感情と形式的に類似しているというのである。したがって、音楽の形式的側面に注目して音楽を学習することはすなわち人間感情を含む主観的現実（subjective reality）を深く豊かに知ることになる。だからこそ、音楽科教育は公教育において存在意義がある、というのがリーマーのロジックである。

しかしリーマーの論は、後にエリオットによって徹底的に批判されている。確かにリーマーのロジックは「音楽=作品」だとするモノ的音楽観の中で構築されており、音楽における行為や出来事の側面を捨象してしまっていると言えるだろう。リーマーにとっての「公教育としての音楽科教育における音楽」は、人間感情の複雑性を現示する音楽作品でなければならなかった。そして、リーマーが依拠するランガーやメイヤーの美学は、主として西洋音楽の機能和声における期待と解決の緊張関係を想定したようである。リーマーもやはり西洋音楽中心的発想でかつ作品中心主義的に音楽を捉えていた、ということなのだろう[67]。筆者はリーマーのロジックにおいて評価すべきは美的教育思想そのものではなく「音楽固有の価値」に基づいて「音楽科教育の存在意義」をなんとか論証しようとするその発想と志であると考えているが、とはいえこれも現代的な音楽科教育の目的論に掲げるには頼りない。

シェーファーのサウンドスケープ構想

さて、ここで重要になるのがレーモンド・マリー・シェーファー（一九三三―二〇二一）によるサウンドスケープ（Soundscape）の理念である。

シェーファーはカナダの作曲家である。元来は西洋音楽というジャンルにおける一作曲家であったシェーファーが今日音楽教育学研究の領域においても有名なのは、彼がサウンドスケープという理念を創案したからであろう。サウンドスケープとは「風景（landscape）」をもとにした造語であり、音風景と訳される。シェーファーの代表的な著作である『世界の調律』において、サウンドスケープは次のように定義される[68]。

サウンドスケープ〔SOUNDSCAPE〕音の環境。専門的には、研究のフィールドとしてみなされた音環境の一部分。現実の環境をさす場合もあれば、特にそれがひとつの環境として考えられた場合には、音楽作品やテープ・モンタージュのような抽象的な構築物をさすこともある〔日本語の定訳は「音風景」〕。

シェーファーは、今日においてなお再演され続ける西洋音楽作品を生み出す優秀な作曲家であったことに加え、そのような作品を生み出す際に自身が身を置いている音環境の在り方についてメタに捉えていた点で社会学者的でもあった。必然的に彼の興味の対象は自然や都市の音環境に及ぶ。彼は「世界サウンドスケープ・プロジェクト」を設立し、世界中の音環境を記録・調査するようになった。サウンドスケープという語の理論的背景には、作曲家の形而上学的創作プロセスと現代的な音環境の関係性に対する独特の思惟がある。

鳥越によれば、サウンドスケープという語には世界の音環境を客観的に記録・分析していくという中立的側面と、「快適な／望ましい音環境の追求」といった運動的側面があるという[69]。前者はまさに「世界サウンドスケープ・プロジェクト」の仕事に反映されていると言ってよいだろう。『世界の調律』には、過去から現在に至るまでの様々な音風景が独自の言葉で綴られている。そして後者の運動的側面は、シェーファーが工業化に伴う騒音問題に関心をもっていたことに起因する。一九六〇年代は自然破壊に関する問題意識が高まりつつある時期でもあった[70]。シェーファーは作曲家であったにも関わらず、当時あまり関心を払われていなかった騒音公害に関するテーマを大学で取り上げていたという。シェーファーはなぜ「望ましい音環境」を追求する必要があったのだろうか。作曲家として活動していたシェーファーが都市や自然のサウンドスケープに関心を持ったのはなぜだろうか。今田はいう[71]。

〈聴く〉という行為は、ゆえにそれだけでミメティックな身体の営みであり、音楽である。その、自然のサウンドスケープと人の身体、そして〈聴く〉という行為をことばによって意味づけようとした途端に、原初の肌理は消失してしまう。ことばによる意味は、事象に価値というエコノミーの概念を持ち込むからだ。〈聴く〉という意味のない（無意味ではない）行為に、意味という価値が宛がわれることにより、なぜ〈聴く〉必要があるのか、という理由づけを迫られることになる。幸いにも、かつて自然のサウンドスケープを意味もなく繰り返し聴き、自らの声や身近にあったモノで木霊を返していたヒトは、その行為に決して意味を求めなかったので、やがて楽器が生まれ、音楽となった。

今田は、「自然のサウンドスケープを意味もなく繰り返し聴き、自らの声や身近にあったモノで木霊を返」すことで音楽が生まれた、と指摘する。西洋の作曲家たちは自分の楽曲がステージで演奏されることを夢想しながら自室に籠もって音楽創作を行っているかのように考えられがちであるが、その創作のインスピレーションは常に身の回りのサウンドスケープから得られていた、というのである。今田はプロコフィエフの《戦争ソナタ》に近代都市のサウンドスケープの影響を読み取る[72]。作曲家が創作をするためには、適切なサウンドスケープが必要になる、ということなのだろう。しかし「一九六〇年代の、ヴァンクーヴァーの音響空間は、シェーファーが作曲するための霊感をなにも与えてはくれなかった」[73]。シェーファーは、本来的な意味での音楽創作が可能になるようなサウンドスケープとその肌理に触れる経験を取り戻すために、「望ましい音環境」を求める必要があったのである。

音楽教育としてのサウンドスケープ・デザイン

ここで興味深いのは、「望ましい音環境」を取り戻すための方法としてシェーファーが選択したのが教育だった点であろう。シェーファーは、近年の過激な環境活動家たちが行っているような高速道路への座り込みや美術作品の破壊といった稚拙な行為ではなく、子どもたちを含むすべての人への教育という機知に富んだ方法で「望ましい音環境」を希求した。

シェーファーは、「望ましい音環境」を取り戻すためにサウンドスケープ・デザインという概念を提唱する[74]。

私が提唱するサウンドスケープ・デザインとは何かを理解するのには、世界のサウンドスケープをわれわれの周りで果てしなく展開していく巨大な音楽作品とみなすのが、最も良い方法である。われわれはその聴衆であると同時に演奏者であり、また作曲家でもある。（中略）サウンドスケープ・デザインは、単に音響技術者が取り組めば事足りるといった問題ではない。それは多くの人々の活力を必要とする仕事である。専門家、アマチュア、若者―良い耳をもった人なら誰でも。というのも、この宇宙のコンサートは常に開演中であり、会場の座席は空いているからである。

シェーファーは、身の回りのサウンドスケープを「巨大な音楽作品」と捉える。あたかもガイア理論のような発想である。そして、その「巨大な音楽作品」を作るのは音響技術者のみならず、全ての市民であるという。シェーファーは全ての人を「サウンドスケープをデザインする主体」だとみなした。なぜ一部の専門家に「望ましい音環境」の構築を任せてしまうのではなく、市民全体を啓蒙しながらデザインに参与させなければならないのだろうか。その理由はシンプルである。音環境には公共性が求められるからだ。シェーファーは自身で「望ましい音環境」のヴィジョンを持ちながらも、それを一方的に押し付けるのではなく、あくまで民主的な方法で「望ましい音環境」の構築を試みた。彼は音楽や音を公共性との関係で論じた稀有な思想家であったと言えるだろう。シェーファーは「サウンドスケープ・デザインは、決して上から統御するデザインになってはならない。むしろ意味深い聴覚文化の回復こそが問題であり、それはあらゆる人々に課せられた仕事なのである」[75]とも述べている。

サウンド・エデュケーションの規範性

では具体的にシェーファーはどのような音楽教育実践を想定したのだろうか。彼の教育実践のアイディアは『サウンド・エデュケーション』や『音さがしの本』等に豊富に掲載されている。それらはイヤークリーニングの課題と言われている。

例えば、シェーファーによる代表的なエクササイズである〈音聴き歩き（listening walk）〉は、音に集中しながら様々な場所を歩く活動である。参加者は周囲の音に耳を済ましながらゆっくりと歩くことが求められる。また〈音の散歩（soundwalk）〉は、代表者が予め見つけた音を地図上に示しておき、他の人が地図を頼りに音を聴きに行く活動である。代表者はあたかも作曲家のように、地図上に順序とともに音を記していく。参加者は作曲者である代表者の聴いた音を追体験することになるのである[76]。どちらの課題も、自然音や人工音の肌理を身体で捉えさせ、その必然的帰結として「望ましい音環境」について内省的になることを促すことができる。

また、筆者が大学生を対象に行う授業で必ず実施する活動が「キーホルダーのゲーム」である。『音さがしの本』には下記のような課題が書かれている[77]。

だれでも、自分のキーホルダーを持っているだろう。自分の鍵の音がわかるかな？キーホルダーを先生にわたそう。それからみんなは目を閉じて、先生が順番に鍵をふって鳴らしてみる。もし自分の鍵の音だと思ったら手をあげよう。そうしたら先生は、鍵をあなたのうしろにおく。最後には、ぜんぶのキーホルダーがちゃんと持ち主のところに返ってきただろうか。

学生たちがもっている鍵の束には、実に多様な素材のモノがくっついている。皮やアクリルでできたキーホルダー、プラスチック製の車のキー、それらを束ねるチェーン等。結果的に、学生たちの鍵から発される音は多様になる一方で、よく似た音のする鍵の束が存在することにも気づく。このエクササイズをする時、学生たちは驚くほど集中して耳を使う。筆者の授業では小中学校で用いられる鑑賞教材を聴かせることもあるが、「キーホルダーのゲーム」を実施しているときの学生たちの集中力は、鑑賞教材を聴いているときよりも遥かに高い。

「キーホルダーのゲーム」は、音楽科教育になぞらえて例えるならば、例えばラヴェルの《ボレロ》を用いて楽器間の音色の違いに気づかせる授業に似ていると言えるかもしれない。音色という「音楽を形づくっている要素」に注目させる授業だ。しかし、「キーホルダーのゲーム」の後に、「音楽の授業で今くらい集中して聴いたことある？」と尋ねると、ほとんどの学生が首を横に振る。彼らは《ボレロ》のような鑑賞教材曲を聴くときよりも、鍵の音を聴くときのほうが鋭敏な聴覚で音色を捉えているようだ。実際、多くの学生はそれぞれの鍵の間にある僅かな素材や量感の差異を的確に聴き取ることができる。

シェーファーのエクササイズは、視覚優位の時代に聴覚で世界を捉えるためのきっかけを与えてくれる。サウンドスケープの概念や彼の創案したイヤークリーニングの課題は、音楽科教育を含む様々な場で実際に活用されている。特に、現行の幼稚園教育要領に「風の音や雨の音、身近にある草や花の形や色など自然の中にある音、形、色などに気付くようにすること」[78]と記載されていることもあり、日本の幼児音楽教育研究においてサウンドスケープは有用な概念として引用されることも少なくない[79]。若尾裕は、「日本でシェーファーが比較的好意的に受け入れられたのは、彼の一種の自然尊重主義が、花鳥風月を重んじる日本人の感性に合ったからとも考えられるだろう」[80]と指摘している。

しかし、ここで強調すべきは、シェーファーの自然尊重主義でも、日本の幼児教育における理論基盤としての利便性でも、イヤークリーニングの課題の教科教育的有用性でもない。シェーファーの思想の重要性は、音楽に対してまさに規範的に接近した点であろう。シェーファーは、「望ましい音環境」と音楽教育との関係性について公共性の観点から検証し、音楽や音の「あるべき姿」について言及した稀有な人物であった。そして彼が「望ましい音環境」を作るために提案した音楽教育実践は、既存の音楽文化を模倣するものではなかった。エリオットが徒弟制度という現実に観察され得る音楽教育実践を学校現場に導入しようとしたのとは対象的に、シェーファーは現実には存在しない（あるいは失われてしまった）音楽実践を教育の場で創出した。

世界中のどこを探しても〈音聴き歩き〉を伝統的に行っている民族や、プロの〈音の散歩〉プレイヤーは存在しないだろう。ましてや、日常的に鍵の音の違いを楽しんで聴いている「鍵音楽愛好家」もおそらくいないだろう。シェーファーが提案する音楽教育実践は、世界の音楽実践の記述的特徴を生徒にトレースさせるものではなかった。このような特異な実践は、音楽に対する規範的な問い、すなわち「公共的な音楽教育における音楽実践はかくあるべし」を問う姿勢がなければ生まれなかったはずだ。シェーファーは世界中の音楽やサウンドスケープを記述的視点から仔細に観察した上で、それらを参照しつつも、あくまで規範的視点から新たな音楽実践を生み出した。いやむしろ、記述的な視座をもっていたからこそ、規範的に音楽活動を生み出すことができたのだろう。

シェーファーの発想は、「文化の継承」を自明とする従来的な音楽教育とは全く異なる。サウンドスケープという理念は、「望ましい音環境」を志向する運動的（規範的）側面により教育と不可分の関係を構築した。そして「望ましい音環境」を生み出すために行ったシェーファーの音楽教育は、既存の「良さや美しさ」の価値観を継承させようとする「文化の継承」的営みとはむしろ対照的に、子どもたち自身の価値観を尊重しそこから生まれる音楽を祝福するような、子どもたちによる新たな音楽文化の勃興を促すような、そんな「文化の創造」的性格をもっていたと言えるだろう。そして、シェーファーの理念は、子どもたちと音楽することとの音楽的新規性をも示唆している。これほどまでに音楽が溢れた世の中に「全く新しい音楽」を生み出すことができるのは、世界に対して無垢な聴覚を開く子どもたちなのではないか。音楽科教育の役割とは、そのような創造的営為を静かに見守ることなのではないか。サウンドスケープの思想はそんな眺望さえ与えてくれる。

③ 教育課程の根本原理──マンハッタンビル音楽カリキュラムプログラム

スプートニク・ショックにより生まれた即興演奏のカリキュラム

シェーファーのサウンド・エデュケーションは、「過去に作られた音楽」や「先人によって決められた美しさのルール」を子どもに継承させようとせず、今に生きる子どもたちとともに音楽を作るための土壌を作ろうとするものであった。

一方で、シェーファーのアプローチの有用性を認識しつつも、「音楽科の授業で毎回〈音聴き歩き〉をやるわけにはいかないしな」と考える読者も少なくないはずだ。イヤークリーニングとして様々な音に耳を済まし、世界のサウンドスケープ・デザインの主体であることを子どもが理解することは重要である。それは大変に規範的な音楽活動であり、音楽科教育の場でも尊重されるべきだ。しかし、「良い音楽科教育」を構想するためには、サウンドスケープに耳を開いたうえで、世界に存在する音楽との接点を積極的に作る方法についても考えておく必要がある。

もちろんシェーファーの理念としては、サウンドスケープに耳を開くことが結果的に世界の音楽の有り様を考えることにも繋がるのであって、サウンド・エデュケーションにおけるイヤークリーニングの課題は能動的音楽行為である。さらに「知覚すること」と「つくること」は表裏一体だとする髙橋の芸術論も合わせると、サウンド・エデュケーションの可能性は無限に広がる[81]。とはいえ別のアプローチがあっても悪くないだろう。伝統的徒弟制度のように子どもたちに既存の「良さや美しさ」を押し付けるのではなく、かつ世の中に存在する多様な音楽にもアプローチできるような公共的な音楽実践はないのか。

そのような音楽実践を徹底的に模索したプロジェクトが、実はスプートニク・ショック後のアメリカで生まれていた。そのプロジェクトは、まさに音楽や音楽教育に対して規範的な問いをもっていた。そしてその音楽教育実践があまりにラディカルで、教室で演奏される音楽が世界中の音楽実践のいずれとも似ていなかったために、管理職や同僚、保護者からの理解を得られず、メインストリームにならなかったとさえ言われている[82]。にも関わらず、そこで提案されている実践は独創的で、確かに世界中の音楽にアプローチできる構造になっている。今日の日本の音楽科教育においても十分活用可能なものばかりだ。

そのプロジェクトは名をマンハッタンビル音楽カリキュラムプログラム(Manhattanville Music Curriculum Program、以下ＭＭＣＰ)という。ＭＭＣＰは当時の政府から助成金を得て一九六六年に活動を開始したカリキュラム開発プロジェクトである。

ＭＭＣＰが助成金を得ることのできた背景には、先述したようなスプートニク・ショックに起因する教育改革への要求があった。「アメリカが旧ソ連に宇宙開発競争で負けたのは学校の教科教育が親学問を矮小化して教えているからだ」という今思えば単純化された主張は、当時のアメリカにおいてはそれなりの説得力をもっていた。そして、「親学問の本質」に根ざした教科教育が志向されるようになったのである。各教科はそれぞれが属する「親学問の本質」である「鍵概念(key concept)」を探し、それを軸に教育の内容論を再構築し始めた。

ＭＭＣＰもそのようなカリキュラム開発研究の一つとして始まった。ＭＭＣＰの主たる目的は、Grade-1からGrade-12まで、すなわち小学校一年生から高校三年生までの連続的な音楽科カリキュラムとその教材を作成することであった[83]。そして、それは実際に達成されることになる。ＭＭＣＰは、四歳から小学校二年生までを対象にしたInteractionと小学校三年生から高校三年生までを対象にしたSynthesisという二つのメインカリキュラムを作ったうえで、器楽教育やミュージック・コンクレート等に注目した副次的なカリキュラムを三つ作成し、合計で五つのカリキュラムを残してその活動を終えた。

五つのカリキュラムのうち、教科教育（一部幼児教育を含む）における一般的な教育課程を想定して開発されたカリキュラムはInteractionとSynthesisの二つであるが、興味深いことに、これらのカリキュラムは全て即興的創作を学習活動の軸に据えている。現代日本のみならず当時のアメリカにおいても、音楽科教育における主たる学習活動といえば既存の楽曲の歌唱や演奏、鑑賞だったにも関わらず、ＭＭＣＰが開発したカリキュラムにおいては、その学習活動の殆どが即興演奏または創作であった。しかし、創作を中心に教科教育を組織する、といってもイメージが湧きにくい。ＭＭＣＰはどのようにしてカリキュラムを構築したのだろうか。

ＭＭＣＰの音楽観――変化の動性

ここで、当時の教育改革の趣旨を再確認しておこう。当時の教育改革は、各教科の親学問における本質的な要素、すなわち鍵概念をもとにカリキュラムの再編を目指していたのであった。では、音楽科において「親学問の本質」を構成する鍵概念とはなんだろうか。そもそも音楽科における親学問とは何にあたるのだろうか。序論で確認したように、数学や物理とは異なり、音楽科はそもそも親学問を想定することが難しい。音楽を学問と呼称することの妥当性は一旦置いておいたとしても、西洋音楽とインド音楽は全く違う学問体系で成立していると言えるだろう。音楽科はインド音楽と西洋音楽どちらの体系を親学問とすべきなのだろうか、と考えても答えは出そうにない。また音楽は非常に学際的な領域であり、常に宗教、歴史、政治、経済と影響し合っている。エリオット的な発想で音楽の鍵概念を捉えようとすると、音楽科の範囲は収集がつかないほど広いものになるだろう。どこからどこまでを音楽科の親学問だとすべきか、という疑問は、まさに本書のテーマでもある規範的な問いである。

そこで、ＭＭＣＰはまずは教科が依拠する学問領域としての音楽を定義しようと試みる。そしてここで最も興味深いのは、ＭＭＣＰが音楽の本質を「時代を反映しながら変化していく性質」に見い出している点である。少々長いが重要な部分なのでそのまま引用したい[84]。

最も重要なのは、音楽が常に創作当時の状況や社会構造に敏感であったという事実である。社会が変化するにつれて音楽の内部構造や表現手段も変わってきたが、芸術の本質的な性質は変わらなかった。新しいサウンド、新しいパターン、新しいモード、新しいテクニックが発展してきたのは、生活や社会の新たな速度や構造、圧力に応えるためである。8世紀のヨーロッパ文化において、単旋律歌は表現豊かなコミュニケーションのための最適な媒体であった。その理由は、単旋律のシンプルさ、厳格でない時間的要素、スタイルの一貫性、そして劇的なコントラストの欠如が、当時の社会の本質を直接的に反映していたからである。ガーナの部族の音楽は、何世紀にも渡って基本的な音や内容にほとんど変化がなかった。しかし、過去15年の広範な社会的経済的変革を経て、ガーナの音楽の全体的な性質は、新しい生活のペースと実質に合わせて根本的に変化した。バロックオーケストラや1600年代の対位法形式から19世紀のオーケストラサウンドや音楽的概念を経て、そして今日の電子音楽や複雑で不協和の音楽に至るまでの系譜は、変化する環境に対する人間の感受性の性質を示唆している。

音楽は継続的な芸術であり、常に現在を敏感に解釈している。それは静的な媒体でも過去の完成された記念碑でもない。

ＭＭＣＰは、音楽が社会構造に不可避的に影響されること、そしてそれにより変化し続けることを「音楽の最も重要な性質」として指摘する。ＭＭＣＰによると、八世紀に隆盛した単旋律歌（グレゴリオ聖歌）がシンプルな単旋律で、拍節感が曖昧で、構造のヴァリエーションが少なく、劇的なコントラストを有していないのは、それが時代の雰囲気を反映しているからである。さらにＭＭＣＰは、社会構造の変化に乏しかったガーナの部族では何世紀にもわたって音楽構造に変化がなかったにも関わらず、社会変革が起きた途端に音楽構造にも変化が現れた、と指摘する。このような音楽観は、前節で触れた「サウンドスケープが作曲家に創作の霊感を与える」という今田およびシェーファーの音楽観を想起させる。さらに言えば、これはソシュールから導かれた美の恣意性とも矛盾しない。音楽の構造は、社会の変化を非言語的に反映してきた。それは「普遍的な美」が特定の音響に内在しないからであろう。音響構造が時代とともに変容し得るのは、それが「美」という言語の価値体系から独立しているからである。ＭＭＣＰが音楽の本質を「変化することそれ自体」すなわち「変化の動性」に見い出したのは、「絶対的・普遍的・自律的な美」などが存在しないことをよく理解していたからだろう。ＭＭＣＰは音楽を「時代を敏感に解釈しながら変化し続ける芸術」だと捉えている点において、「文化の継承」的な価値観を有する従来型の音楽教育とは一線を画していた。少なくともMMCPが教育を保存だと捉えていないことは確かである。

さて、「音楽は時代とともに変化していくものだ」などというテーゼは、言葉にしてしまうとあまりの当たり前さにむしろチープなものに見えてしまう。そのようなことは、西洋音楽史を概観しただけでも一目瞭然だろう。しかし、「変化の動性」を単に宣言的知識として教えることと、「変化の動性」そのものを体験に感得させることは全く異なる。「文化の継承」的教育においても、西洋音楽史上で発展してきた様々なタイプの音楽の存在を示しながら、「一口に西洋音楽といってもこんなにいろんな響きの音楽があるんだよ」と教えることは可能である。バッハの様式、ベートーヴェンの様式、ドビュッシーの様式、ストラヴィンスキーの様式、ベリオの様式、ライヒの様式を教えれば、子どもの価値観は広がるだろう。そこにビートルズの様式、ジャミロクワイの様式、あるいはAdoの様式を加えてもいいかもしれない。「音楽が過去に変化してきたこと」を知識として継承させることは比較的容易である。

しかし、「学習者自身が音楽様式の変化を導く主体であること」を教育の場で教えることは非常に難しい。先に挙げたミュージシャンたちは、まさに自分の力で当時の慣例的な音楽様式に挑み、独自の様式を樹立した人々である。今でこそベートーヴェンの作風は古典派の中でも揺るぎない地位にあるが、当時のベートーヴェンはまさにそれまでの慣例を打破した異端児であった。Ado の《うっせぇわ》のような歌唱表現の可能性が存在することなど、Ado 以前には想像すらされなかっただろう。そして、MMCPはそのような表現開拓の主体になる可能性が学習者自身に開かれていることを体験させようとしているのである。MMCPの音楽観である「時代を敏感に解釈しながら変化し続ける芸術」とは、「これまでに良いとされてきた表現」に迎合することなく「自ら自律的に音楽する力」を学習者に授けようとする創造的な音楽教育観の象徴である。MMCPは、音楽の本質を「変化の動性」に見い出していた点で特筆されるべき存在であった。

音楽における「慣例的概念」と「本来的概念」

ではMMCPは「学習者自身が音楽様式の変化を導く主体であること」を子どもに教えるためにどのようなカリキュラムを組んだのだろうか。MMCPによる即興演奏主軸のカリキュラムはどのような原理によって整理されるのだろうか。

先の引用箇所を見て分かる通り、ＭＭＣＰは芸術（Art）という西洋由来の語を用いて音楽を説明しているが、その音楽観は西洋音楽に限定されるものではない。ガーナの事例を引いていることからもそのことは明らかであろう。ＭＭＣＰは世界に呼応して変化する音を音楽だと捉えていることになる。そして、そのような音楽を子どもたちと一緒に作るために、ＭＭＣＰは「本来的概念（inherent concept）」と「慣例的概念（idiomatic concept）」という二つの視点を提示し、それらを拠り所にして音楽を作ろうとした。

まずは「慣例的概念」から説明しよう。「慣例的概念」とは「特定の慣例的文脈、地理的環境、様式的な実践、または時間的範囲において広く活用されている（あるいはされていた）、実際的で代替可能な概念や実践」[85]として定義される。例えばハ長調の曲の中でフレーズの終わりにCを演奏すると終わった感じがする、という知識は多くの人に取って馴染み深いものである。西洋音楽における調性の原理が生み出す終止感だ。今日私たちが日常的に聴くポピュラー音楽においてもこのシステムは常に用いられているので、この「ハ長調におけるCの終止感」はあらゆる時代のあらゆる音楽に共通する普遍的原理かのように思われがちであるが、実はこの調性の原理は、西洋以外の文化においては通用しない。雅楽における終わった感じ、すなわち終止感は西洋音楽のそれとは大きく異なる。「ハ長調の曲の最後にCを鳴らすと終わった感じがする」という音楽のルールは、「ある時期の西洋音楽および近年のポピュラーミュージックにおいて慣例的に使われる語法」に過ぎないのである。同様に、「拍子」という概念も、特定の音楽において慣例的に用いられる語法であって全ての音楽に普遍的なものではない。言うまでもなく雅楽の《越天楽》は拍子という概念のない音楽である。このように、普遍的ではないが特定文化においてよく使われる音楽の構造的特徴のことをMMCPは「慣例的概念」と呼んでいる。

一方で「本来的概念」は、「多様な慣例、多様な様式、多様な文化に共通する音楽の特徴、あるいは根本的な概念」[86]として定義される。これまでにも確認してきたように、世界中の音楽に共有する要素を見つけるのは非常に難しい。しかし、MMCPは視点をメタに移すことで、それを半ば無理やり創出してしまったのである。

例えば、バリ島の伝統音楽であるケチャには旋律がない。したがって、「慣例的概念」としての「旋律」は存在しないが、「旋律」を抽象化して捉えて「音高」それ自体に注目してみると、それぞれのプレイヤーが発する声には音高の高低が存在していることに気づくだろう。「音高の高低」が各音楽文化におけるパフォーマーに意識されているかどうかは別にしても、「音高の高低」による表現性の差異自体はほとんどの音楽文化に存在するといってよい。その意味で、「音高」は多くの様式や文化に共通する「本来的概念」に分類される、というのである。

また、先述したように「四拍子」や「エイトビート」といった概念は西洋音楽やポピュラーミュージックで用いられる「慣例的概念」であるが、「時間軸上に規則的あるいは不規則的に組織された音」という意味での「リズム」に関しては、こちらも各音楽文化におけるパフォーマーに意識されているかどうかは別にして、ほとんどの音楽文化に存在しているといえるだろう。《越天楽》には拍子は存在しないが、「時間軸上に規則的あるいは不規則的に組織された音」という意味においての「リズム」は存在しうる。したがってMMCPにおいては「リズム」も「本来的概念」と見なされる。同様に「音量」や「形式」も「本来的概念」と言える。そのような理屈により、MMCPでは「音色」、「音量」、「形式」、「リズム」、「音高」を「本来的概念」に設定し、ここからあらゆる音楽の可能性へと進もうとした。これら五つの概念を、音楽という茫漠とした領域における鍵概念として位置づけたのである。

MMCPはなぜこのようなややこしい定義する必要があったのだろうか。実は、「本来的概念」と「慣例的概念」の区別こそが、MMCPのカリキュラムに公共性を付与しているのである。どういうことか。
ＭＭＣＰは、「本来的概念」と「慣例的概念」を混同して教えてはいけない、と強く警告する。なぜなら、例えば調性や拍子と言った「慣例的概念」をあたかも音楽の普遍かのように子どもに錯覚させることは、音楽創作に取り組む子どもの発想を甚大なまでに阻害するからだ。

単一の調性や三和音に基づく組織的な実践といった18世紀の概念をあたかも普遍的な概念であるかのように偽ること、あるいは、19世紀の拍節的なアイディアを過度に強調することは、芸術の誤った提示の仕方である。それは、音楽の継続的で発展的な性質に反しているだけでなく、生徒に対して、創造的な音楽家がはるか昔に捨て去った構造的な実践に基づく極端に限定的な芸術的判断を強いることにも繋がる[87]。

このＭＭＣＰの痛烈な指摘は現代の音楽科教育に対しても非常に示唆に富んでいる。音楽科では「音楽の三要素はリズム・メロディ・ハーモニーです」のような宣言的知識が教えられることが多々あることは序章で述べたとおりだが、ＭＭＣＰが指摘するように、メロディは全ての音楽に当てはまる「本来的概念」ではない。また、ハーモニーという概念も西洋音楽の機能和声を思わせる。ともするとこの「音楽の三要素」は、古典派からロマン派初期までの機能和声に基づくホモフォニックな拍節音楽の説明にしかなっていないにも関わらず、「音楽の」三要素としてあたかも「本来的概念」かのように刷り込まれる。それゆえに、そのような三要素を確認できない《越天楽》やケチャは、子どもにとって「変な音楽」になってしまう。西洋音楽において一時期流行していた「慣例的概念」を備えていない、というだけで《越天楽》やケチャの音響構造的面白さに興味すら持てないような空気が教室にあるのだとしたら、それは「芸術の誤った提示の仕方」をしてしまっていると言えるだろう。日本の音楽科教育では、「慣例的概念」を「本来的概念」かのように提示してしまっている事例が少なくないのではないか。MMCPの「本来的概念」と「慣例的概念」の区分は、後述するように即興演奏を中心とするカリキュラムを構築するための概念装置であるが、この二つの発想をもって「音楽を形づくっている要素」を捉え直すことは今日の音楽科教育にとっても重要かもしれない。

音楽創作のオープネス――権威としての「作品」の解体

さて、ＭＭＣＰは「慣例的概念」と「本来的概念」を厳密に分けて取り扱うことで音楽科における学習内容に公共性をもたらそうとした。では具体的に創作を主軸にした授業はどのようなプロセスで進められるのだろうか。

ＭＭＣＰの作ったカリキュラムの中でも音楽科教育を対象にしたメインのカリキュラムはSynthesisである。このカリキュラムにおいては、授業は①課題提示、②即興的創作、③作品の演奏、④演奏や作品に対する批評、⑤参考音源の聴取の五段階で構成されている。この五つの段階で一つの単元、題材が構成されると捉えてよいだろう。もちろん今日の我々がこの通りに実践しなければならないわけではないが、ＭＭＣＰの音楽教育観を理解する上では重要になる枠組みなので、ごく簡単に解説しておきたい[88]。

①課題提示

題材の最初の段階で、子どもは「本来的概念」または「慣例的概念」に基づく創作の課題を与えられる。例えば、「音色」という「本来的概念」に基づく課題の場合は、「音色の異なる二つの打楽器を想定した三分程度の作品を作ろう」のような課題が出されるのである。この課題では楽器間に存在する音色の差異を認識しながら創作することになる。他にも「音高」に注目させる課題の場合は「複数の音高を時間軸上に並べた作品を作ろう」のような課題になったり、「リズム」に注目させる場合は、「一定のパルスを用いた二重奏の作品を作ろう」のような課題になったりする。

ＭＭＣＰが徹底しているのは、「四拍子の作品を作ろう」のような「慣例的概念」に基づく課題をカリキュラムの序盤で出さないようにしている点である。「慣例的概念」はカリキュラムの後半で必要に応じて提示される[89]。「慣例的概念の過度な強調が子どもの創作の幅を狭める」というＭＭＣＰの教育観はカリキュラムにも反映されている。

②即興的創作

課題を提示されたら子どもは早速創作に入る。しかし、創作と言っても子どもはいきなり五線譜に向き合ったりはしない。ＭＭＣＰは「記譜法は単なる記録のシステムである」[90]と断言しており、五線譜を前に音をイメージさせて形式操作させるのではなく、実際に音を出しながら即興的に創作させるプロセスを尊重した。したがって、創作にあたって取り急ぎ必要なものは五線譜ではなく音を出すための道具である。例えば、「音色の異なる二つの打楽器を想定した三分程度の作品を作ろう」という課題が提示されたら、子どもはまず打楽器を手に取り音を出すところから始めることになる。

もちろん作品を記録するために楽譜が用いられることもあるが、それはあくまでアイディアを保存するためである。一般的な西洋の作曲家が脳内で音を鳴らしながらそれを五線譜上に写し取っていくのとは対照的に、MMCPのカリキュラムではフィジカルな体験が尊重されているのである。

③作品の演奏

MMCPでは、紙に書かせた作品の記録を提出させて終わり、のような授業は実施されない。当然発表の機会も設けられている。作品は、②の段階で作られた楽譜があろうがなかろうが、即興的に披露される。

④演奏や作品に対する批評

ここでは、教師がファシリテーターを務めながら、演奏された作品に対する批評や双方向的なディスカッションが行われる。作品の構造のみならず演奏の質に対する批評も含まれている点は非常にスモール的である。

⑤参考音源の聴取

Synthesisにおいては、学習の最終段階において過去の作曲家が作った参考音源が聴かれる。例えば、「一定のパルスを用いた二重奏の作品を作ろう」という課題が①で提示されていた場合、⑤ではまさに「一定のパルスを用いた二重奏の作品」の例をいくつか提示することで、子どもは「本来的概念」への理解を深めることができる。MMCPが授業の最初に参考音源を聴かせないのは、参考音源が子どもの発想を束縛するのを避けるためだ。

以上が、MMCPが小学校三年生から高校三年生までを対象に作成した授業のパッケージである。この①から⑤までの連続でできた創作の単元を五つの「本来的概念」、すなわち「音色」「音量」「形式」「リズム」「音高」について順に実施し、一巡したらまた改めて「音色」に立ち返って新たな課題を出す。教科の鍵概念である五つの「本来的概念」をぐるぐると巡りながら創作を続けていくMMCPのカリキュラムは、その学習プロセスの形式を鑑みてスパイラルカリキュラムと呼ばれている。

「教科の本質である鍵概念を往来しながらより高次の概念理解に至る」ことを前提にしたスパイラルカリキュラムは、ブルーナーを論理基盤にして他教科でも多く作成された。しかし、音楽科という親学問を想定することが困難な科目において、これほどまでにラディカルなスパイラルカリキュラムが作成されていたという事実は特筆すべきだろう。そして、MMCPがそのようなカリキュラムを打ち立てることができたのは、音楽への規範的問い、すなわち「公教育において取り扱われるべき音楽の性質とはなにか」という問いを強固に保持していたからである。シェーファー同様、MMCPも子どもを「文化の継承」の入れ物として捉えようとは微塵もしていなかった。そして、シェーファーが世界の音をある意味記述的に捉えた上で規範的な実践を世に問うた一方、MMCPは世界中に存在する音楽的現象をむしろ抽象化して捉え、メタな視点で一般化した。その結果抽出されたのが「本来的概念」という不思議な考え方である。

「本来的概念」それ自体は序論で触れた普遍項研究にも通じる発想であるが、音楽それ自体を「変化し続けるもの」として定義し、その「変化の動性」をまるごと子どもに経験させようとした点は重要だ。先述したように、「音楽は可変的なものだ」「唯一絶対の正解はない」「いろんな価値観があっていいよね」と口頭で伝えることは簡単である。しかし、その理念を実質化し、ダイバーシティあふれる音楽観を教室の中で子どもと共有するのは非常に難しい。そして、MMCPがそれを成し得たのは、即興的創作をカリキュラムの軸に据え「本来的概念」と「慣例的概念」の区別を徹底したからであろう。MMCPにとって、作曲家による作品は過去の誰かによって探求された「慣例的概念」の活用事例に過ぎない。だからこそ、MMCPはその事例集をそっとガラスケースにしまったりはしない。子どもたちによって手に取られ、書き込まれ、付箋を貼られてもいいように、頑丈で有益なフルカラーのラミネート済み資料集にしたうえでそれを教室に投げ込むのである。そして、その資料集が「法」となって子どもの創作を抑圧することはない。なぜなら、参考資料は創作の後にしか提示されないからだ。MMCPは、音楽科教育の場を徹底してオープンな状態に保とうとしていた。

MMCPは、「今・ここ」に生きる子どもたちに音楽における「変化の動性」を体験させるために、過去の音楽作品を骨董品化させなかった。いやむしろ、これまでの音楽科教育は、過去の作品をあまりに崇め奉るあまり、それらを意図せず骨董品化させてしまっていたのだろう。作品をガラスケースにしまわずに子どもに開放したら、モーツアルトやベートーヴェンやドビュッシーやビートルズは怒るだろうか。彼らが音楽科教育の公共性を理解していれば、おそらく怒ったりしないだろう。創造的な作曲家たちは、子どもたちのクレイジーな創作をきっと楽しんでくれる。なぜなら、彼ら自身が音楽における「変化の動性」を体現してきた人物だからだ。

音楽科教育のコンプライアンス

ＭＭＣＰの実践はあまりに特殊にすぎるように思われるかもしれない。しかし、実はその実践のうちに日本の学習指導要領が規定する歌唱、器楽、創作、鑑賞の全てを含んでいる点で、日本の学習指導要領を遵守しながらＭＭＣＰの実践を取り入れることは不可能ではないだろう。ただし、日本の慣例的な音楽科教育実践と大きく違うのは、ＭＭＣＰには再現芸術的な音楽との関わりがほぼ無い、という点である。繰り返し指摘してきたように、ＭＭＣＰは「本来的概念」から始まる即興的創作に徹底的に拘っていた。安易に「慣例的概念」を提示してしまうと、子どもはそれを全ての音楽の法則である「本来的概念」かのように捉えてしまうからである。再現芸術的音楽教育は、ＭＭＣＰの教育観の対局にあると言っていいだろう。

ここで、ＭＭＣＰの思想を日本の教科教育に応用してみよう。ＭＭＣＰほどラディカルに創作中心のカリキュラムを構築しなくても、日本の音楽科教育においても「本来的概念」と「慣例的概念」を区別して教えることは可能だ。より積極的な言い方をすれば、「慣例的概念」が子どもの中で「本来的概念」として既成概念化してしまうことを防ぐことは可能である。例えば、「この曲はリズム・メロディ・ハーモニーでできていますよ」という教え方をしたとしても、その後に「でもそれは全ての音楽がリズム・メロディ・ハーモニーでできてるということではないし、この構造の音楽こそが普遍的で素晴らしいというわけではないからね。例えば雅楽の《越天楽》という曲では……」と補足すればいいのである。ＭＭＣＰはそもそもそのような事態に陥らないようにするために「本来的概念」から始まる創作を主たる学習活動にしていたが、既存の楽曲をなぞる活動が中心の従来的な音楽科教育においても、「慣例的概念」を相対化しながら教えることは可能だ。

とはいえ、毎回「でもそれは全ての音楽がリズム・メロディ・ハーモニーでできてるということではないし……」という注釈を入れるのは面倒に感じられるかもしれない。まるでコンプライアンスに縛られ過ぎたテレビＣＭのようだ。しかし、筆者はＭＭＣＰのカリキュラムを見て、「それでもコンプライアンスに留意せよ」と言われているような気がした。それほどまでに、「慣例的概念」が音楽の普遍であるかのような印象を与えることは避けられなければならないのだろう。「慣例的概念」と「本来的概念」の厳格な区別は、音楽科教育におけるコンプライアンスであり、ニューノーマルになるべき発想だ。

ＭＭＣＰは当初から特定の美のルールを子どもに継承させることを微塵も意図していない。ＭＭＣＰが定義する音楽の本質とは「変化の動性」だからだ。ＭＭＣＰにとって、参考資料のつもりで提示した「慣例的概念」が子どもの自由な発想を阻害するようなことがあっては本末転倒である、ということなのだろう。

この発想は、アルサップの指摘と符合するところがある。アルサップがいうように、音楽とは本来的にパラロジカルなのである。「良い表現」とは普遍ではない。アルサップは、むしろ様々な「良い表現」が併存したり、「良い表現」がその時々において書き換えられていったりするような音楽教育を構想していた。アルサップの音楽教育観は一見するとアクロバットだが、音楽に「変化の動性」があることを踏まえるとむしろ自然であるともいえる。

そして、ＭＭＣＰのカリキュラムを支える「本来的概念」がほとんど物理現象としての音である点も示唆深い。ＭＭＣＰのカリキュラムにおいて、教師は「良い曲を作りましょう」などとは決して言わないだろう。ＭＭＣＰの核にあるのは「良さ」という言語の体系ではなく変化し続ける音響そのものだからだ。言語を削ぎ落とし、音響そのものに注目することこそが、音楽という営みを教育の場で精緻に体系化するうえでの必要条件なのかもしれない。

アルサップによって示唆された徒弟制度的音楽教育を脱構築する発想が半世紀以上前にＭＭＣＰによってカリキュラムとして提案されていたのだとしたら、これほど示唆深いことはない。

4 音と音楽の違いを決める権利の所在

本章では、ビースタの指摘を踏まえ、シェーファーのサウンドスケープ論、ＭＭＣＰのカリキュラムについて概観してきた。両者の思想及び実践には、「公共的な性質をもつ音楽と教育はどうあるべきか」という規範的な問いが見られた。一方で、日本の音楽科教育の歴史に詳しい読者は、「何を今更」と思ったかもしれない。日本におけるシェーファーの好意的な受容については先に触れたとおりであるし、ＭＭＣＰでさえもかつて音楽教育学者の千成俊夫が論文で言及したことで我が国においても比較的有名になった[91]。過去の実践や思想を掘り起こしただけで音楽科の目的論を語るなどというと反感を買うかもしれない。

しかし、本書が繰り返し強調したいのは、彼らが世界の音楽の記述的特徴を踏まえたうえで、音楽科教育の公共性に寄り添いながら「音楽科教育とはこうあるべきだ」という洞察に富んだ規範的実践を示した点である。彼らが構想した音楽教育実践は、世界中の音楽実践のコピーではなく、公教育のために新たに創造されたものだった。そのことが我が国では正しく評価されていなかったのではないか。

学習指導要領に「音楽づくり」「創作」という言葉が用いられ、創作や即興演奏のような活動が教育課程に明確に位置づけられていることからも明らかなように、音楽科において創作それ自体は従来から一定程度重視されてきた。さらに、一九八〇年にシェーファーの『教室の犀』が、一九八二年にジョン・ペインターらによる『音楽の語るもの』が邦訳されたこともあり、創造的音楽学習（Creative Music Making）と呼ばれる創作中心の授業実践は日本でも盛り上がりを見せていた。本書で紹介した実践事例は、既に一九八〇年代の日本において一度注目されたものでもある。しかし、それらが教科教育の本流になることはなかった。そして、これらの取り組みにおいて問題になったのが音と音楽の違いである。島崎は、当時の実践によく見られた「物語に効果音をつける活動」が音楽づくりだと捉えられてきたことに対して警鐘を鳴らしてきた、という[92]。効果音は音楽ではない、という考え方は今日においても一般的だろう。

現行学習指導要領の「音を音楽へと構成する」という表記からも明らかなように、多くの人は音と音楽の間に明確な線引を設けようとする。その一方で、マクドナルドでポテトが揚がった時に鳴る「GFG」は音なのか音楽なのかと問うても明確な回答は返ってこない。ジョン・ケージの《4分33秒》が西洋音楽史における重要な音楽作品だと位置づけられている今日、音と音楽を区別することなどできるのだろうか。いや、音と音楽の違いを決める権利をもっているのは誰なのだろうか、と問うた方がいいのかもしれない。

ＭＭＣＰが革新的なアプローチを発案しながらもアメリカのその後の音楽教育のメインストリームとならなかった要因の一つとして、音楽教育史学者のマイケル・マークは、ＭＭＣＰが取り扱う即興演奏がほとんど音楽的に聞こえないために伝統的な演奏活動を期待する保護者や他の教師たちに対して音楽教育の意義を正当化できなかった点を指摘した[93]。当時のアメリカの保護者や他教科の教師たちは、ＭＭＣＰのカリキュラムで実践されていた「本来的概念」に基づく即興演奏を聴いて「子どもが音を出しているのはわかるが、これは音楽じゃないよね」と判断したのだろう。ケージのような著名な作曲家が「これは音楽だ」といえば《4分33秒》が音楽になり、子どもが西洋の「慣例的概念」を備えない作品を披露したら怪訝な目で見られる。これはどういうことだろうか。管理職や保護者がケージの思想を理解した上で「音と音楽の違い」をクリティカルにジャッジをしているのだとしたらまだ理解できるが、多くの場合そうではないだろう。「音と音楽の違い」は、信じられないほど権威主義的に決定されている。言葉を選ぶ必要がないのであれば、寒気がすると言ってもいい。

端的に言おう。音楽科はなぜ管理職や保護者が音楽だと認識できるような音楽を子どもに作らせなければならないのだろうか。体育において保護者や管理職から「子どもの創作ダンスって踊りになってないよね。子どもの創作ダンスがK-popアイドルのダンスみたいになるわけないいんだから、はじめからかっこいい振り付け教えてあげなよ」と言われたら、体育科教師は納得しなければならないとでもいうのだろうか。体育で創作ダンスを実践するのはそれが公教育における体育科にとって必要だからである。体育科の目的は、消費者的視点をもつ大人を満足させるためのダンスの技法を子どもに獲得させることにあるわけではない。そして、体育教師や体育教育学者はそのことを言葉で論証するはずだ。なぜ音楽科では、大人からの説明を早々に諦め、子どものパフォーマンスによって教科の意義を正当化しようとしてしまうのだろう。

繰り返しになるが、音楽科には明示的な親学問が存在しない。しかし、音楽科教育の公共性について考えたことすらない人々は、自分たちの知っている音楽（多くの場合、教養主義的西洋音楽もしくは商業主義的ポピュラーミュージック〉を音楽科の親学問だと捉え、その視点から子どもの実践を評価する。そのこと自体はある意味仕方ないだろう。人間の可処分時間には限りがある。他教科の教師や保護者が音楽科教育の特殊性について学んでこなかったとしても、そのことを責めることはできない。

しかし、音楽科教育の当事者である音楽教育学者や音楽科の教師はそこに媚びるべきではない。子どもたちの音楽が世界の音楽の記述的特徴を備えていなかったとしても、それが公共的な音楽教育実践に必要なのであれば、声を大にしてその必要性を主張しなければならないのである。例えば音楽科の授業で〈音聴き歩き〉をしているところを管理職に見られたら「あれって意味あるの？　そんなことしてて合唱コンクール間に合うの？」などと言われるかもしれない。しかし、公教育としての音楽科の授業において〈音聴き歩き〉が必要なのだとしたら、その必要性を教師は言葉と態度で論証しなければならないはずだ。そして〈音聴き歩き〉の必要性に対する管理職の無理解を、「子どもによる〈音聴き歩き〉の感動的なパフォーマンス」で解決しようとしてはいけない。音楽科教師は、音楽科教育の存在意義を自身の言葉で説明し、実践の価値や意義を説得的に論じる力を持たなければならないのである。

平成29年告示の現行学習指導要領では「音楽を形づくっている要素」が一つのキータームになっている。「音楽を形づくっている要素」は「音色、リズム、速度、旋律、テクスチュア、強弱、形式、構成など」[94]と定義される。伝統的には「音楽の要素」「音楽の構造」「音楽の概念」などという言葉でも言及されてきたものである。現行学習指導要領では、教科全体に強い影響力のある「音楽的な見方・考え方」が掲げられているが、その説明にも「音楽を形づくっている要素とその働きの視点で捉え」ることの重要性が強調されている[95]。しかし、我々は「音楽を形づくっている要素」とは突き詰めれば音そのものなのだということを認めなければならない。

事実、本節で紹介したシェーファーの「キーホルダーのゲーム」は音楽かと問われると賛否ありそうだが、「音楽を形づくっている要素」である音色の概念について理解させるのにこれほど適した活動はない。音楽科では《クラリネット・ポルカ》と《トランペット吹きの休日》を比較させ、主役を張る楽器間の音色の差異に対する気づきを得させようとするが、そもそも両者の曲には音色以外の変数に相違点がありすぎて比較にならない。「音楽らしい音楽」を教材にすることにこだわるあまり、「音楽を形づくっている要素」への気づきを促すという指導要領に掲げられている目標が阻害されているのである。典型的な目標論と内容論の倒錯である。音色の概念について教えたいのであれば「キーホールダーのゲーム」を実施すればいいし、音高の概念を教えたいのであれば、同じサイズのコップを複数用意しそこに様々な量の水を入れて音を出させ、オリジナル作品を作らせればいいのである。それらの活動を聴いた管理職や保護者が、それらを音と見なそうが音楽と見なそうが関係ないはずだ。そして、そのようにして生まれる音楽科独自の音楽活動は、公教育的ミュージッキングとして認められるべきであろう。

名前を与えることは重要だ。シェーファーの〈音聴き歩き〉も「キーホルダーのゲーム」も、MMCPのカリキュラムで生まれる摩訶不思議な即興演奏も、全て公教育的ミュージッキングだと捉えよう。マクドナルドで流れている「GFG」という一連の音群でさえも、音高やリズムといった「本来的概念」を探求する際の参考資料として聴かれるとき、その音響や聴取行為は公教育的ミュージッキングとして見なされるべきだろう。そして、音楽科教育について真摯に考える私たちや子どもたちには、そのような活動を公教育的ミュージッキングだと主張する権利がある。いや、そのような活動を公教育的ミュージッキングとして見なすべきである、という規範を慎重に、かつ積極的に打ち立てなければならないのである。音と音楽の分水嶺を決める権利を商業主義的音楽観の持ち主に独占させてしまっては音楽教育学の敗北である。この分水嶺は、「良い音楽科教育」を希求する者たちの倫理として死守されなければならない。

音楽科教育に携わる教師の専門性とは、ピアノ演奏の技能やソルフェージュ力などでは断じてない。それは世界に存在するごく一部の音楽と関わる上で必要な能力に過ぎない。音楽科教師に必要なのは、公共的な音楽教育実践を実行する力、そしてそのような実践の意義を柔軟な目的論に基づいて他者に力強く説明する力なのである。

参考文献および注

54 C・スモール／野澤豊一、西島千尋訳（二〇一一）『ミュージッキング―音楽は〈行為〉である』水声社、p.31

55 西島千尋（二〇二〇）「音楽科におけるミュージッキング概念の応用可能性」『音楽教育学』50巻1号、p.23

56 J・ブルーナー／鈴木祥蔵、佐藤三郎訳（一九六三）『教育の過程』岩波書店、p.42

57 G・ビースタ／藤井啓之、玉木博章訳（二〇一六）『よい教育とはなにか―倫理・政治・民主主義』、

p.26

58　同前書、pp.26-27

59　同前書、p.78

60　同前書、pp.77-107

61　同前書、p.96

62　文部省（一九四七）「学習指導要領　音楽編（試案）」
https://erid.nier.go.jp/files/COFS/s22ejo/index.htm

63　文部省（一九四七）「学習指導要領　音楽編（試案）」
https://erid.nier.go.jp/files/COFS/s22ejo/chap1.htm

64　文部省（一九四七）「学習指導要領　音楽編（試案）」
https://erid.nier.go.jp/files/COFS/s22ejo/chap1.htm

65　B・リーマー／丸山忠璋訳（一九八七）『音楽教育の哲学』音楽之友社、pp.24-25

66　同前書、pp.111-114

67　筆者はリーマーの美的教育思想が必ずしも西洋中心主義に留まるものだとは考えていない。例えばこちらを参照：長谷川諒（二〇一五）「ベネット・リーマーの一般音楽カリキュラム」『日本教科教育学会誌』38巻2号、pp.57-68

68　R・M・シェーファー／鳥越けい子、小川博司、庄野泰子、田中直子、若尾裕訳（二〇二二）『新装版 世界の調律―サウンドスケープとはなにか』平凡社、p.570

69　鳥越けい子（一九九〇）「サウンドスケープとはなにか」『環境技術』19巻7号、p.409

70　鳥越けい子（二〇二二）「訳者解説あとがき」、R・M・シェーファー／鳥越けい子、小川博司、庄野

泰子、田中直子、若尾裕訳（二〇二二）『新装版 世界の調律―サウンドスケープとはなにか』平凡社、p.532

71 今田匡彦（二〇一五）『哲学音楽論―音楽教育とサウンドスケープ』恒星社厚生閣、p.32

72 同前書、p.34

73 同前書、p.100

74 R・M・シェーファー／鳥越けい子、小川博司、庄野泰子、田中直子、若尾裕訳（二〇二二）『新装版 世界の調律―サウンドスケープとはなにか』平凡社、p.414

75 同前書、p.414

76 同前書、pp.428-430

77 R・M・シェーファー、今田匡彦（二〇〇九）『音さがしの本―リトル・サウンド・エデュケーション』春秋社、p.30

78 文部科学省（二〇一七）『幼稚園教育要領』p.18

79 例えば吉永早苗／無藤隆監修（二〇一六）『子どもの音感受の世界―心の耳を育む音感受教育による保育内容「表現」の探求』萌文書林、pp.58-71

80 若尾裕（二〇一一）「サウンド・エデュケーションからコミュニティ音楽へ―音楽教育の開放」『音楽教育実践ジャーナル』9巻1号、p.74

81 髙橋憲人（二〇二二）『環境が芸術になるとき―肌理の芸術論』春秋社、p.216

82 Mark, Michael L. (1978), *Contemporary Music Education*, New York: Schirmer Books, p.152

83 Thomas, Ronald B. (1970), *Final Report*, U.S. Office of Education, Department of Health, Education, and Welfare, p.xi

84 Thomas, Ronald B.（1970）, *MMCP Synthesis -A Structure for Music Education-*, U.S. Office of Education, Department of Health, Education, and Welfare, p.2

85 同前書、p.37

86 同前書、p.37

87 同前書、pp.17-18

88 Synthesisにおける学習活動の具体については、筆者による博士論文（二〇一五）「１９５０年代～１９７０年代における米国音楽教育界の諸相―『教育の現代化』と美的教育思想をめぐる音楽教育改革の実際」においても一部言及している。

89 Thomas, Ronald B.（1970）, *MMCP Synthesis -A Structure for Music Education-*, U.S. Office of Education, Department of Health, Education, and Welfare, p.18

90 同前書、p.19

91 千成俊夫（一九八四）「米国における音楽教育カリキュラム改革（Ｉ）―60年代以降の動向をめぐって」『奈良教育大学紀要』33巻1号、pp.87-107

92 島崎篤子（二〇一三）「新しい音楽教育を目指して」『教育研究所紀要』18号、pp.33-38

93 Mark, Michael L.（1978）, *Contemporary Music Education*, New York : Schirmer Books, p.152

94 文部科学省（二〇一七）『中学校学習指導要領（平成29年告示）』p.106

95 文部科学省（二〇一七）『中学校学習指導要領（平成29年告示）解説 音楽編』p.93

第三章

音楽科教育の目的論に関する試論

①ここまでの総括

音楽への記述的接近とその限界

本章では、ようやく音楽科教育の存在意義についてたたき台としての試論を提示していく。そのために、まずは第一章と第二章の内容を簡潔に振り返りながら整理してみよう。

まず私たちはスモールの音楽観に触れた。スモールはそれまで当たり前のように信じられてきた「音楽＝作品」だとするモノ的な音楽観を相対化した。そのうえで、スモールは「音楽とは人間の行為によって生まれる出来事である」というミュージッキングの音楽観を打ち立てた。彼によれば、ライブ会場の入場口に立っているチケットもぎりやライブ後にスタジアムを掃除する清掃夫でさえも「ライブパフォーマンスという音楽的出来事」に関与している点で音楽している、という。スモールの論は音楽の参加可能性を拡張した、と言えるだろう。ここで一つの問いが生まれる。「公教育としての音楽科においてもチケットもぎりや清掃といった行為を音楽だと認めるべきか」という規範的問いである。これに対して当然ながらスモールは明確な答えを私たちに与えてくれていない。

次に私たちはエリオットの音楽教育論について検討した。エリオットは音楽をMUSICS、Music、musicの三つの様相で捉え、多様なMUSICSに対して認知的徒弟制度を導入してアプローチしていくことを提案していた。エリオットは、従来的な音楽科教育がコンテクストを軽視してしたことを批判し、徒弟制度を通して文脈の中で音楽すること の重要性を強調した。ただしここでの徒弟制度とは、非民主的でパワーハラスメントが頻発していたような伝統的徒弟制度とは対照的に、師匠がメンターのように弟子に寄り添い、励ましながらも文脈に依拠した指導をする認知的徒弟制度である。そうするとまた新たな問いが生まれる。「師匠がどんなに気を利かせたところで、師匠と弟子の間には解消しがたい権力関係や抑圧構造があるのではないか」という倫理的問いである。

その後、私たちはフレイレの思想に触れた。フレイレは「銀行型教育」というワードを用い、「知る者」としての教師（＝抑圧者）が「知らない者」としての学習者（＝被抑圧者）に知識を詰め込むことで抑圧関係を生み出すプロセスを批判する。そして、そのような有無を言わさない「銀行型教育」は、本来被抑圧者であったはずの学習者に抑圧者の視点を内面化させる。それによって「沈黙の文化」が維持され続けているのだという。このような「沈黙の文化」の連鎖は、師匠に抑圧された音大生が吹奏楽部の中高生たちを抑圧するように、音楽教育の場においても顕著に表面化している。そうするとまたしても問いが生まれる。音楽教育のような創造的な営為において「銀行型教育」が再生産されてしまうのはなぜだろうか。師匠に抑圧された音大生でさえ、子どもには音楽を自由に楽しんでほしいと心のどこかで思っているはずだ。音楽に限ってなぜそんなことが起きるのだろう。

ここでアルサップの思想が登場する。音楽においては、伝統的に「オーセンティシティの保存」の役割を教育が担ってきた。しかし、アルサップはそのような「文化の継承」としての音楽教育を問題視する。なぜなら音楽とは本来的にパラロジカルなものだからだ。アルサップは、「良い表現」の在り方を先人（オーソリティ）が独占的に決定する音楽教育の在り方を批判する。本来的にパラロジカルな音楽に「良さや美しさ」の規準を求め、さらにそれを他者に管理させるなどおかしい、というのである。アルサップは、バルトの「作者の死」の概念を援用しながら、「良さや美しさの規準の編集権限は学習者にさえ開かれているべきだ」と主張する。しかし、また疑問が生まれる。そもそも教育という営みはその殆どが「文化の継承」である。国語や算数で許されている「文化の継承」が、音楽科においてはことさら問題がある、というのはどういうことなのだろうか。

最後に取り上げたのがソシュールである。ソシュールは「言語とはシニフィアン（意味するもの、音そのもの）とシニフィエ（意味されるもの、概念）の恣意的（勝手気まま）なつながりによって成り立っている」と指摘する。そしてソシュールの知見を応用すれば、音楽における「良さや美しさ」の規準と実際の音そのもののつながりは恣意的に過ぎない、と捉えることが可能になる。音響そのものと言語による価値体系としての「良さや美しさ」の規準は別物なのである。「音楽はパラロジカルなのだから他教科以上に学習者に開かれているべきだ」というアルサップの発想は、ソシュールの記号論によって支持される。音楽における「良さや美しさ」とは、音響の周りを浮遊する言語的概念に過ぎない。ソシュールの思想は、音そのものへの無垢な視座をもたらしてくれる。

音楽への規範的接近とその展望

ここからは第二章を総括していこう。第二章においては、ビースタの問題意識の根底にある「存在―当為問題」について触れた。教育学のような規範（～すべき）を取り扱う学問においては、いくら実証的な「事実」が出てきたところでそれらは答えを導いてはくれない。実証的な研究が明らかにしてくれる「事実」は、我々が「良い音楽科教育とはどうあるべきか」という「当為」を求める際の参考資料でしかない。ビースタは、昨今の「説明責任」至上主義的現状を批判し、「私たちは本当に重要なものを測定しているのか、それとも単に測定しやすいものを測定しているのか」と鋭く問う。私たちは、音楽科教育について考える際、「測定しやすいもの」についての実証研究の成果、あるいは「測定しやすいもの」についての学習評価方法を参照しながらも、音楽科教育のあるべき姿についてはあくまで規範的に考えていかなければならない。

その上で、まさに規範的に「良い音楽科教育とはなにか」を問うたシェーファーの思想と実践について触れた。サウンドスケープには、世界の音風景を記録・分析するという中立的側面（記述的側面）と、「望ましい音環境」について問う運動的側面（規範的側面）が存在する。そして、後者を実現するためにシェーファーが考えたのがサウンド・エデュケーション、すなわち耳の教育であった。彼はイヤークリーニングと称した数々の課題を「音楽教育実践」として提示する。世の中に〈音聴き歩き〉を音楽として実践している民族は存在しない。シェーファーは「望ましい音環境」を作り出すために、規範的に音楽を創造してしまっていた。彼は「文化の継承」以外のマナーで音楽教育を捉えていた。

そして、シェーファーと同じく音楽に対して規範的に接近したのがMMCPである。MMCPは音楽の本質を「変化の動性」に見い出す。そして子どもにも「変化の動性」を体験させるために、「慣例的概念」と「本来的概念」を明確に区別したうえで、即興演奏中心のカリキュラムを構築していた。ある地域のある時期にたまたま使われていた「拍子」という「慣例的概念」が全ての音楽に通ずる「本来的概念」であるかのような誤解を与えてしまうようでは、その教育は「芸術の誤った提示の仕方」を採用していることになってしまう。したがって、MMCPは「音色」「音量」「形式」「リズム」「音高」という高度に抽象化・一般化された「本来的概念」をもとに子どもに即興的な創作をさせるカリキュラムを作っていた。そこには再現芸術的な活動は一切ない。また「文化の継承」が目的的に取り扱われることもない。MMCPは、言語的概念としての「良さや美しさ」の規準ではなく、音響そのものの特質に依拠したカリキュラムを構築した。MMCPにとって作曲家の作品は子どもの探求のための参考資料に過ぎない。「変化の動性」を体現してきた過去の偉大な作曲家たちは、自身の楽曲が参考資料として有効活用されることに文句を言わないだろう。

② 公教育の存在意義──苫野の教育論

苫野の〈自由〉論

ここまでに、「良い音楽科教育」について考える上で重要になる「音楽」というキーワードを巡って様々な角度から論考してきた。「音楽とはなにか」という問いには記述的にも規範的にも接近できる。そして本書では、世界の音楽の記述的特徴を踏まえた上で、音楽科教育という公教育の場において望ましい音楽のあり方について規範的に接近しようと試みている。その意味において、シェーファーやＭＭＣＰの実践は示唆に富むものであった。

それでは音楽科教育について考えるうえでもう一つの重要な要素である「公教育」の特性について考えてみよう。そもそも公教育はなぜ存在しなければならないのだろうか。序論で確認したように、音楽科教育が特定ジャンルの音楽に関するプライベートレッスンと大きく異なるのは、公教育としての公共性をもつ点である。クラシック音楽についての「文化の継承」を自ら望む生徒に対して指導をするピアノ教室とは異なり、当事者が望む望まないに関わらず全ての子どもを対象にする音楽科教育は、より一層その存在意義を問われることになる。

そもそも、公教育はなぜ必要なのだろうか。現代においては、公教育の必然性でさえ所与のものとは言えないのかもしれない。今やYouTube等のメディアに無料のオンデマンド教材が無数に落ちているのである。公教育の制度が消失しても、子どもたちが教科についての知識を学ぶこと自体は可能だろう。ではそのような時代において、公教育が存在しなければならない理由とはなんだろうか。

この点については、序論でも触れた苫野一徳の書籍『学問としての教育学』と『どのような教育が「よい」教育か』において体系的に述べられている。また、苫野の教育論は彼の自由論に基づく部分が多く、これに関しては『「自由」はいかに可能か―社会構想のための哲学』で詳しく論じられている。ここではこれらの書籍に触れながら、苫野のいう公教育の正当性（存在意義、目的）の論理についてごく簡単に紹介しておきたい。

苫野は、ヘーゲルに依拠しながら人間的欲望の本質が〈自由〉であることを強調する[96]。苫野によれば、他の動物が本能的な欲求に突き動かされているのに対し、人間の欲望は複雑でしかもそれが自覚されている点で特徴的だという。人間は、仕事中に空腹を感じても、食事をする上で適切なタイミングが訪れるまで食事を我慢することができる。その時私たちは「好きなタイミングで食事を取りたいな」のように〈自由〉の概念に思いを馳せたり、逆に「好きなタイミングで食事を取れないのはもどかしいな」のように不自由さを覚えたりする。私たちは経済的制約や義務的労働から〈自由〉になりたいと望むことで、まさにその〈自由〉を意識し、不自由を自覚している。これは空腹という本能に従い直接的な行動に移す動物とはその欲求の在り方が異なることの証左である。人間は〈自由〉を意識的に欲望する存在である点で他の動物とは区別される[97]。

〈自由〉というと、物を盗んだり、甘いものをたくさん食べたりするような「やりたい放題」をイメージされる場合もあるだろう。しかし、苫野は、欲望の複数性を例に挙げながらこれらが〈自由〉の本質ではないことを強調する。人間は「ショパンのバラードを完璧に演奏できるようになりたい」と思いながら「譜読みするよりゲームしたい」と考える。そしてこれらが同時に実現することは原理的にありえない。また「タダで物を手に入れたい」という欲望と「警察に捕まるリスクを負いたくない」という欲望は同時に実現しない。真の〈自由〉は「規定性の完全撤廃」によってもたらされることはない。なぜなら我々を取り巻く制限を完全になくすことは不可能だからだ。人間の〈自由〉は、その制限（不自由）を自覚するところから始まる。むしろ、制限の中での選択可能性が、人間に自由を感じさせるのである。

「自由」は、「やりたい放題」の「恣意」にあるのでも、絶対的な「解放」にあるのでもない。わたしたちは、わたしたちが諸規定性の中にあることを十分に自覚した上で、なお、この規定性の中から抜け出せる選択・決定可能性を感じた時に「自由」を実感するのだ。「自由」の本質、それは繰り返すが、「諸規定性における選択・決定可能性」の感度なのである[98]。

人間が一切の規定性から抜け出し、無制限の〈自由〉を手に入れることはほとんど不可能であろう。人間が「身一つで空を飛びたい」という欲望を持ったとしても、現代においてそれは実現しない。また「一切の労力をかけずにノーリスクで一億円手に入れたい」と願ったところでそれはすぐには実現しない。「今のままの状態で全ての異性に愛されたい」という願いも叶いそうにない。私たちの身の回りには物理的、経済的、人間関係的諸規定が紛れもなく存在する。しかし、それでも「身一つでは無理でも、バックパック型のブースターを開発すれば一時的には飛行できるかもしれない」とか「この宝くじを十万円分買えばもしかしたら一億円が当たるかもしれない」とか「仕事を頑張ればあの人には振り向いてもらえるかもしれない」といった「諸規定から抜け出せる選択・決定可能性」を感じることができれば、そこに自由を見出すことができる。苫野は、この「可能性」こそが自由の本質であることを強調した。
したがって、苫野によると、「諸規定から抜け出せる可能性」が感じられない場合、人間は〈自由〉を感じないのだとも言う。

それは逆にいえば、どれだけ夢や目標を持っていたとしても、その達成の〝可能性〟を実感することができなければ、わたしたちは決して「自由」の実感を得ることはできないということだ。後述するように、夢や目標達成の〝可能性〟が断たれた時、あるいはそれを一切感じることができなくなった時、夢や目標は、むしろわたしたちにひどい不幸や不自由を与えるものになってしまうのだ[99]。

私たちは打破不可能な規定性を前にして〈自由〉を感じることはできない。それは実体験としても理解できるだろう。道具を使わずに空を飛ぶことを妄想したり、当たる可能性のない宝くじを手に入れたりすることで我々は〈自由〉を感じたりしない。これは自己決定理論（self-determination theory）等の学習心理学の知見を用いても説明できそうだ。自己決定理論における「有能性の欲求」[100]が示すように、「自身の有能さ」が証明されにくそうな課題、すなわち「攻略不可能な課題」には自律的に取り組めないのである。いくら練習しても演奏できそうにない超絶技巧の曲をプロがいとも簡単そうに演奏しているのを見ると、私たちは不自由すら感じるだろう。

以上のことからわかるように、〈自由〉とは状態ではなく我々の感じ方の問題でもある。いくら経済的に豊かになったとしてもそれを〈自由〉だと感じるかどうかは人による。同様に、どれほど高度な演奏技術を身につけたとしても「〈自由〉に演奏できている」という実感が得られるかどうかはその人次第である。苫野はこれを「感度」という言葉を用いて次のように説明する[101]。

「自由」の本質は特定の状態にではなく、わたしたちの〝感度〟にあるのだ。繰り返し述べてきたように、「諸規定性における選択・決定可能性」の〝感度〟、これこそが「自由」の本質なのだ。

以上が苫野による〈自由〉論である。我々は自由を欲望する存在であり、〈自由〉はあらゆる欲望の根幹に位置づけられる。そして〈自由〉とは具体的状態ではなく、我々個人の〝感度〟に依存する主観的認識なのである。私たちは、どのような状態にあったとしても（例えばどれだけ演奏技術を磨いたとしても）、常にさらなる〈自由〉を欲望し続けるのである。

さて、苫野はこの自由論をもとに、公教育の存在意義を次のように論じている[102]。

ここに、公教育が登場する必要性と必然性がある。公教育は、法によってルールとして保障された〈自由の相互承認〉を、現実に実質化するものという本質を持つ。別言すれば、公教育は、各人の〈自由〉の実質化と社会における〈自由の相互承認〉の実質化という、互いに重なり合う二重の本質を持っているのだ。

法は私たちに様々な〈自由〉を保障してくれている。私たちは〈自由〉に学問的探求をしてよいし、また職業を選択してよい。休日には好きな場所に行って余暇を充実させることができる。しかし、もし私たちが一切文字を読めなかったら、あるいは、職業の選択肢が極端に狭かったら、法が保障してくれた〈自由〉を十分に実質化できるといえるだろうか。おそらく言えないだろう。本人がいくら「職業選択の自由なんて自分には不要だ」と強がったところで、それは結局のところ強がりに過ぎない。より効率的に収入を得られる仕事やよりやりがいを感じられる仕事を選択できる状況にあれば、多くの人はそちらを選択するだろう。自ら選択することが自己動機づけに与える影響は、やはり自己決定理論においても証明されている。人間が〈自由〉を欲望する存在であることを否定できない限り、公教育が〈自由〉の実質化をサポートする機関として位置づけられることは理にかなっているように思われる。

先述したように、〈自由〉とは特定の状態ではないので、「どの程度の選択肢があれば職業選択の〈自由〉が実質化されたと言えるのか」という問いに対する明確な回答はないことになる。〈自由〉は個人の〝感度〟に依存する。しかし、それでも全ての子どもたちが〈自由〉を感じることができるように教育をする必要がある、という苫野の主張には一定程度の妥当性があるといってよいだろう。子ども自身が自らの不自由を自覚し選択肢を増やすために学んでいる姿は、〈自由〉の実質化に直接繋がるものであるとも言える。

そして、子ども個人の〈自由〉を実質化するためのみならず、〈自由の相互承認〉を可能にする社会を実質化することも、公教育においては重要である。苫野はヘーゲルを参照しながら、人間が〈自由〉を巡って「主」と「奴」の関係を構築してきたことを指摘する[103]。「主」と「奴」という言葉が分かりにくければ、フレイレの論を援用して「抑圧者」と「被抑圧者」に言い換えても良いだろう。「主（≒抑圧者）」は、相手に自らを承認させることで「奴（≒被抑圧者）」を生み出す。この時点では「主」が〈自由〉であり、「奴」が不自由であるように見える。しかし、実は「奴」は〈自由〉を取り戻すために「主」の隙を伺っており、主従関係を転覆させるめの復讐の機会を虎視眈々と待っているのである。このような争いには原理的に終わりがない。誰かを抑圧して得た〈自由〉は、いつか奪われるのである。

だからこそ、人間は自分の〈自由〉を主張するのみならず、他者の〈自由〉も承認しなければならない。「だれもが人間的欲望の本質である〈自由〉をできるだけ実質化しうる社会を作るため、互いが互いを〈自由〉な存在として認め合うことをルールとした〈自由の相互承認〉の原理に基づく社会を作るほかにない」[104]のである。ここに公教育の必然性がある。私たちは、個人の〈自由〉を実質化するために、そして社会全体の〈自由の相互承認〉を実質化するために、子どもに公教育を提供しなければならないのである。

では、個人の〈自由〉や社会の〈自由の相互承認〉を実質化するために、学校は子どもに何を身に付けさせるべきなのだろうか。苫野はそれを〈教養＝力能〉と呼んでいる[105]。先述したように、読書算に関わる基礎的な知識・技能は個人の〈自由〉を実質化するのに必要な〈教養＝力能〉だと言える。一方で、〈自由の相互承認〉を社会として実質化するためには、自分の〈自由〉を最大限実質化しながら他者の〈自由〉をも認めるための力、すなわち「相互承認の感度」も必要になる[106]。苫野は〈教養＝力能〉にこの「相互承認の感度」も含めて論じている。

〈自由〉及び〈自由の相互承認〉を実質化する音楽的〈教養＝力能〉とはなにか

苫野の論は音楽科における公共性を考える上で重要な示唆を有している。苫野が指摘するように、公教育には「個人のため」と「社会のため」という二重性がある。また、幼児教育を専門とする教育学者の武藤隆が指摘するように、教育全般には「子どもたちの今のため」と「子どもたちの将来のため」という二重性も存在する[107]。苫野による「公教育は個人の〈自由〉および社会における〈自由の相互承認〉を実質化するために存在しなければならない」という主張は、これら二つの二重性をも包括した強力な原理となり得る。

では音楽科教育が実質化を目指す音楽的な〈自由〉や〈自由の相互承認〉はどのようにイメージされるのだろうか。音楽科において子どもに身に着けさせるべき〈教養＝力能〉とはなにか。

苫野が人間の〈自由〉に対する欲望を「生きたいように生きたい」と論じていることを踏まえれば[108]、子どもたちにとっての音楽的〈自由〉とは、「したいように音楽する」ことだと考えられよう。では「したいように音楽する」とはどのような状態なのか。既に確認したように、私たちが音楽する時、そこには常に規定性（制限）が存在する。特定音楽文化の「良さや美しさ」によってもたらされる様式上の規定性から、音楽室という場がもたらす物質的・物理的規定性、あるいは「プロみたいに演奏したいのにできない」という技術的規定性も存在するかもしれない。子どもたちが「したいように音楽する」ことを尊重しようとしても、音楽室にない楽器を使わせることはできないし、一部屋に三十人以上集まる場で制限なしの音量で演奏させることもできないだろう。もちろん子どもにいきなりプロ演奏家のような技術を与えることもできない。

しかし、そのような規定性は、公教育の場でなかったとしても常に付きまとうものである。制限のない〈自由〉など存在しない。むしろ、そのような不自由を子ども自身が自覚した上で、その不自由を打ち破る方法を自ら考えるとき、子どもは音楽的〈自由〉に近づいている、と言えるだろう。

では、子どもが個人として〈自由〉に音楽するための〈教養＝力能〉、音楽における〈自由の相互承認〉を実質化するための〈教養＝力能〉とは一体なんだろうか。この点は非常に難しい問題になる。苫野は〈自由〉を実質化するには読書算のような知識教養を知っておくことが不可欠だと論じているが[109]、音楽においてそのような知識教養を想定することは難しい。音楽するために必要な能力は文化によって様々である。「どのような音楽的能力を授ければ子どもが〈自由〉に音楽できるのか」と言われると回答しようがない。これまでにも確認してきたように、あらゆる音楽的技能は文化依存的である。五線譜を読む力は西洋音楽という一つの民族音楽で活用されてきた音楽の記録方法を解読する能力に過ぎない。五線譜を読む力があれば、西洋音楽を再現芸術的に演奏する際には〈自由〉を感じられるかもしれないが、hip-hopや雅楽でパフォーマンスをする際の〈自由〉には貢献するとは言い難いだろう。合唱で求められるいわゆる頭声発声の技術は、デスメタルを〈自由〉に歌唱する際に役に立ちそうもない。リコーダーの運指についての知識は、ほとんどリコーダー演奏の〈自由〉にしか寄与しない。「個人のため」「社会のため」「子どもたちの今のため」「子どもたちの将来のため」という様々な視点を導入しても、各音楽文化の特殊な技術はそれ自体で獲得が正当化されるような〈教養＝力能〉とは言えなさそうだ。ましてや、〈自由の相互承認〉を実質化するための音楽的〈教養＝力能〉を想定することなどできるのだろうか。

全ての音楽文化に共通する構造的特徴を見つけることが難しいように、全ての音楽文化の中で〈自由〉に音楽する上で必要不可欠なスキルを見つけることもまた難しいのである。メトロノームに正確に合わせて手拍子する技能は比較的多くの文化の音楽を演奏する際に有用に機能しそうだが、グレゴリオ聖歌を歌う際には機械的な拍節感覚はむしろ邪魔になるだろう。吹奏楽コンクールの課題曲マーチを練習する際にひたすらメトロノームに合わせていた子どもが自由曲の緩徐楽章において自然なアゴーギグをつけることが困難なように、特定の音楽的技術は他の価値観で〈自由〉に音楽しようとしたときに邪魔にさえなる。

このような音楽の特殊性は、教育を広く論じた苫野の想定をも超えていた部分かもしれない。確かに公教育において取り扱われている他教科の知識・技能は子どもたち個人の〈自由〉および社会全体の〈自由の相互承認〉を実質化するために必要だと言えそうなものが多い。国語、算数、理科、社会、英語の知識は、この資本主義社会・民主主義国家を〈自由〉に生きる上で必要になる〈教養＝力能〉であると言っても差し支えなさそうだ。しかし音楽科はどうだろうか。そもそも「音楽」という言葉さえ定義できない不思議な科目は、子どもたちの〈自由〉や社会の〈自由の相互承認〉にどのように貢献できるのだろうか。音楽科が〈自由〉や〈自由の相互承認〉を実質化するために子どもに身に着けさせるべき音楽的〈教養＝力能〉とはなんだろうか。

3 音楽科教育の目的論──音楽科教育はなぜ存在しなければならないのか

音楽科教育はなぜ存在しなければならないのか──試論

さて、ここまでに音楽を記述的・規範的に分析したうえで、苫野による公教育の存在意義についての論を見てきた。本節では、いよいよ音楽科教育の存在意義についての筆者の試論を提示する。まずはこれまでに得られた情報を改めて整理しておこう。内容としてはこれまでの要約になるので、本書の内容を十分に把握している読者は次の箇条書きを読み飛ばしていただいても構わない。

音楽に対する記述的問いから得られた知見

・これまで音楽はモノ（＝作品）だとみなされてきた。しかし、音楽には行為・出来事としての側面がある。我々は様々な形でミュージッキングに参与することができる。
・多くの音楽文化は徒弟制度によってその文化固有の「良さや美しさ」を継承させてきた。徒弟制度とは、「良さや美しさ」に関する知識や技能をコンテクストの中で継承させようとするものである。
・徒弟制度には「教える／教えられる」という非対称性が内包されている。そのような師弟関係は「銀行型教育」に陥りやすく、学習者の主体性を奪いかねない。そして、「銀行型教育」は「沈黙の文化」を再生産する。抑圧された学習者は、自分が教える側に立った時に次世代を抑圧しかねない。
・現状の音楽教育の殆どは、徒弟制度的発想に基づく「文化の継承」を暗に志向することでその文化固有の「良さや美しさ」を保存することに貢献してきた。しかし、音楽はそもそもパラロジカルに始まった。原初の音楽には継承されるべき「良さや美しさ」の規準など存在しなかったはずだ。
・普遍的に「良い表現」は存在し得ない。シニフィアンとシニフィエの結びつきが「恣意的（勝手気まま）」であるように、音それ自体と「良さ」という言語による価値体系の間に本質的な結びつきはない。音響に美は内在しない。

音楽に対する規範的問いから得られた知見

・世界に存在する音楽や音楽教育についての記述的「事実」から、音楽科教育のあるべき姿である規範的「当為」を導くことはできない。我々は、記述的「事実」を参考にしながら、公教育における音楽科教育の「当為」を積極的に創出しなければならない。

・サウンドスケープの理念は、サウンドスケープ・デザインという発想に基づき「文化の創造」的な音楽教育実践を提示していた。〈音聴き歩き〉のような世界に存在しない音楽が生まれたのは、そこに規範性と公共性に対する視座があったからである。

・「慣例的概念」と「本来的概念」を厳密に区別することは、今や音楽科教育における重要なコンプライアンスである。「変化の動性」を本質とする音楽を体系的に教えるには、「良さや美しさ」という言語による価値を削ぎ落とし、音響そのものをカリキュラムの原理に据えなければならない。

公教育の存在意義に関する知見

・公教育は個人の〈自由〉および社会全体の〈自由の相互承認〉を実質化するために存

在しなければならない。
・そのために、学校教育では全ての子どもに基礎的な知識・技能や「相互承認の感度」といった〈教養＝力能〉を獲得させなければならない。

これらを踏まえ、音楽科教育の存在意義に関する筆者の試論を提示しよう。

音楽科教育は、資本主義社会の中で自然発生的に生じる他律的音楽観が子どもたちに内面化されるのを防ぎ、真に〈自由〉な音楽的行為ができる個人および社会を実質化するために存在しなければならない。
そのためには、音楽科教育は世界中の音楽についての知識をフラットな立場から提供しつつ、メタ音楽の実践を通してそれらに対する非他律的態度を醸成しなければならない。

以降に解説していく。

資本主義社会における他律的音楽観の内面化

右記から分かるように、筆者の目的論の核にあるのは、他律的音楽観と非他律的態度の概念である。そして、筆者はこの非他律的態度こそが、音楽科が育てるべき〈教養＝力能〉だと考えている。まずは他律的音楽観について述べていこう。「資本主義社会の中で自然発生的に生じる他律的音楽観が子どもたちに内面化される」とは具体的にどういうことだろうか。

私たちは日常的に音楽に触れている。音楽を聴かない日などないほどだ。音楽科の授業など存在しなくても、子どもが音楽に触れる機会は十二分に確保されている。シェーファーに言わせれば、むしろ世界には音楽が溢れすぎているのだろう。

しかし、我々が日常的に耳にする音楽はそのほとんど全てが西洋音楽あるいは西洋音楽のロジックで作られたポピュラーミュージックである。いわゆる「リズム・メロディ・ハーモニー」で説明される音楽だ。西洋音楽がある一時期の間に積み上げてきた平均律、調性、機能和声等の仕組みは現代を生きる人間の情動を煽る上で非常に効果的なツールであり、しかもそれ自体が楽曲の大量生産を可能にするテンプレートでもある。便利な情動発生装置としての西洋音楽はメディアやプロモーションでも引っ張りだこだ。そして、単純接触効果の帰結として、私たちはそのような音楽を「普通の音楽」だと捉えて愛好する傾向にある。今や私たちは、西洋音楽的な「良さや美しさ」の規準を満たす音楽こそが世界標準だと思ってしまっても仕方のないような環境に生きている。

したがって、今の日本において「音楽ができる」とは、「正確なピッチで演奏できる」「ポピュラーミュージックの作曲ができる」のような、西洋音楽の規準を満たしたパフォーマンスができることと同義かのように取り扱われている。そしてそれは音楽科教育の場でも同じだ。クラスでの合唱において、西洋音楽的な「良さや美しさ」の条件を備えた歌唱ができない子どもは容易に排斥される。それを防ぐため、落ちこぼれを産まないために、教師はせっせと「銀行型教育」をせざるを得ない。「この子どもがクラスで音楽的に認められるためには正確なピッチで歌唱する技術の体得が何より重要なのだ、だから心を鬼にして指導しなければ」という発想である。これまでの音楽科教育は、今田が言うところの〈媚びる手指〉を獲得させるために奔走してきたのかもしれない。そしてこれはビースタが危惧する測定主義の根本的問題でもある。

アルサップが指摘したように、音楽における「良さや美しさ」は本来的にパラロジカルなものである。またソシュールの記号論が示唆するように、不正確なピッチでの歌唱でさえ、別の価値観を持つコミュニティにおいては高く評価される可能性さえある。そして、そのような既存の価値観から逸脱した表現が音楽それ自体に「変化の動性」をもたらす可能性もある。にも関わらず、「文化の継承」のみに終始する教育は、特定の「良さや美しさ」を固定的なものとして捉えて子どもに教えてきた。

近年の教科書に見られる教材の多国籍化は、西洋音楽が唯一絶対の「良い音楽」であるかのような誤解を解こうとしてきたことの証左である。そしてその狙いは一定程度達成されたといってよいだろう。現代の子どもたちは、西洋音楽やポピュラーミュージック以外にも、ケチャやガムランや雅楽がこの世界に存在していることを知っている。しかし、そのような知識は結局のところ「既に良いとされている音楽」のヴァリエーションに過ぎない、とも言えるのではないだろうか。従来の音楽科教育が西洋音楽についての単線型の「銀行型教育」だったのだとしたら、今日においてはそこにバリの音楽や日本の音楽が加えられ、それぞれについての「銀行型教育」が複線的に実施されているに過ぎないのである。くしくもフレイレが「銀行型教育」を行うことで学習者の主体性が損なわれると指摘しているように、音楽科教育は過去に醸成された様々な音楽文化の「良さや美しさ」を教えることで、子どものパラロジカルな探究心を阻害してきた可能性がある。音楽科は、様々な音楽文化の「良さや美しさ」に関わる知識を継承させればさせるほど、子どもがそれに束縛され他律的になってしまう、という矛盾に囚われているのである。

その結果生まれるのは、「既に良いとされている音楽」を目指さなければそれは音楽的に不誠実である、という他律的音楽観である。「他律（heteronomy）」とは「自律（autonomy）」の対義語である。音そのものに耳を開きその肌理に触れるより前に過去に誰かが作った「良さや美しさ」の規準について言語で思考せずにはいられない、むしろ「良さや美しさ」の規準に従順であることこそが音楽への誠意なのだとする音楽観を筆者は他律的音楽観と呼んでいる。「良さや美しさ」の規準を学習者に継承させていく「銀行型教育」は、他律的音楽観をむしろ助長してきた可能性がある。

そのような他律的音楽観は、異質な他者による〈自由〉な音楽表現を受け入れる力をも蝕む。例えば合唱の授業では、クラスに一人音高外れの子どもがいると、他の子どもは音楽や人間の多様性を鑑みず、「歌が下手なやつ」だと認識するだろう。「正しい発声」を叩き込まれた子どもは、「正しくない発声」をする他者に容赦なく冷たい眼差しを向ける。特定文化における「良さや美しさ」の規準を「法」として内面化した者は、その「法」を他者にも向けてしまうのである。したがって、「西洋音楽的に下手な子ども」を産まないために「銀行型教育」を行うような発想は、その子ども個人の〈自由〉に寄与しないだけでなく、クラス（社会）における〈自由の相互承認〉の実質化にも貢献しないのである。

学校でわざわざ西洋音楽的な「良さや美しさ」の規準に媚びる「銀行型教育」をしなくても、資本主義社会に生きる子どもは西洋音楽的な「良さや美しさ」の規準を自然と内面化し、他律的音楽観をもつようになる。公教育がそれをむしろ助長してしまってはいけないだろう。そして、西洋音楽を相対化するために他文化の音楽を導入することは一定程度有効だが、それも新たな「銀行型教育」を生むリスクがある。公教育において真に必要なのは、「西洋音楽的な発声が下手な子ども」の声から「西洋音楽的に下手」だという恣意的なシニフィエを引き剥がし、質感あふれるピュアな音響としての声の活かし方をポジティブに考えていくような発想なのではないだろうか。「正しくない発声」という評価は言語による価値体系であり、音響そのものと本質的な関わりはない。その子の声はラップやビートボックス、歌舞伎には向いているかもしれない。あるいは、その子どもの声にあった音楽をこれから新たに作ればよいだけだ。音楽科教育は、全ての子どもがお互いの声を音そのものとして聴くような機会を作り、それを相互に認め合うような開かれた環境を整えなければならないのではないだろうか。

音楽科的〈教養＝力能〉としての非他律的態度

さていよいよ本書の核心に触れよう。もし子どもが〈自由〉に音楽し、それを相互に認め合う〈自由の相互承認〉を実質化するために必要な〈教養＝力能〉を想定できるとしたら、それは特定文化の「良さや美しさ」を絶対視しない態度、すなわち音楽に対する「非他律的態度」[110]ではないだろうか。「非他律的（anti-heteronomy）態度」とは、資本主義社会の中で生活することで自然発生的に生じてしまう他律的音楽観に対して積極的に抗おうとする態度、特定音楽文化の「良さや美しさ」に触れながらもそれに束縛されない態度のことである。音楽の様々なルールに対する非他律的態度があれば、「ピッチが取れない自分は音楽全般の能力がないのだ」という視野の狭い悲観主義に陥ったり、「リズム感のないあの子とは一緒に音楽できないな」という余白のない排斥的態度を取ったりすることはない。「ピッチが取れていない歌」「リズムが取れない演奏」は、特定音楽文化における「良さや美しさ」の規準を満たしていないというだけで本来は単なる音でしかない。音楽

〈MUSICS〉の地平から見れば良いとも悪いとも言えない、ということが非他律的態度を持っていれば容易に理解できる。それでも特定音楽文化の実践においてピッチを取れるようになりたいのであれば前向きに学習を継続すればいいし、ピッチを取れない自分をメタ認知した上で「自分はどんな音楽をしたいのだろうか」と考えても良い。

また、例えば現代音楽のような未知の音楽に出会った際、他律的音楽観をもった子どもは「こんなものを音楽だと認めるわけにはいかない」と考えるかもしれない。そして、それを声高に表明することは、現代音楽的表現をする他者の〈自由〉を毀損することに繋がるだろう。しかし、音楽に対する非他律的態度をもっていれば、未知の音楽を聴いた際にも「自分が知っている音楽とは異なる価値観で作られているのかもしれないな」と立ち止まって考え、承認することができる。そうすることで、言語による価値体系である「良さや美しさ」の規準を参照せずに、音そのものの肌理に触れることができる。そして、〈自由の相互承認〉の実質化が公教育の目的なのであれば、非他律的態度をもって他者の表現を認める力は、全ての子どもに必要だと言える。いうまでもないことだが、子どもがプライベートな時間に音楽をしようがしまいが〈自由〉である。しかし、他者の表現を認めるため、すなわち音楽における〈自由の相互承認〉を実質化するためには、プライベートで積極的に音楽をしない子どもであっても音楽に対する非他律的態度をもつ必要がある。公教育において全ての子どもが音楽科の授業で音楽を学ぶことの必然性・正当性はここにある。

特定音楽文化の「良さや美しさ」についての知識をもちながらもそれらに束縛されない態度、すなわち音楽に対する非他律的態度は、個人が〈自由〉に音楽することにも貢献するし、他者の〈自由〉な音楽表現を尊重することにも繋がる。非他律的態度は、苫野が言うところの公教育において育てるべき〈教養＝力能〉であり、音楽的な〈自由〉と〈自由の相互承認〉を実質化するために必要不可欠な力であると言えるだろう。音楽科教育は、子どもたちにあらゆる音楽に対する非他律的態度を獲得させるために存在しなければならないのである。

非他律的態度に基づく音楽科教育の目的論的検討

このような非他律的態度を核とする目的論を音楽科教育の原則に一旦おいてみると、音楽科教育の場でもっともらしく語られる様々な言説の是非を効果的に議論することができる。

例えばよく「音楽は聴いてくれる人を感動させるためのものだ。自己満足のパフォーマンスは音楽ではない。子どもには人を感動させるような演奏をさせるべきだ」のような言説を目にする。これは西洋音楽の職人的演奏家に求められるプロフェッショナリズムとしてはある程度妥当といってもいいのかもしれない。プロフェッショナルの職人的演奏家が演奏する場には経済的価値が生じている。対価を支払った聴衆に対して音楽経験の質を保証すべし、という発想は資本主義的に一般的だろう。しかし、資本主義的に妥当な原理が公教育の場においてもただちに肯定されるわけではない。なぜなら資本主義における経済活動の目的論と公教育の目的論はその原理において全く別物だからだ。公教育の場における音楽活動は「他人を満足させるためのもの」ではなく、「非他律的態度を通して個人の〈自由〉および社会全体の〈自由の相互承認〉を実質化するためのもの」である。そもそも「他人を満足させない音楽は音楽ではない」という態度は音楽そのものの本質を他者評価に見い出している点で既に他律的であり、さらにそのような音楽観が他人に対して振りかざされる時、それは明らかに社会全体の〈自由の相互承認〉を阻害するものとなり得る。

西洋音楽的に未熟な演奏は、多くの人が通勤中にイヤフォンで聴きたい音ではないかもしれない。しかし、一度音楽科教育の目的を定義すれば、「多くの音楽消費者にとっての耳触りの良さ」は公教育の場で行われる音楽を評価する際の指標にはなり得ないことが自明となる。

また、「子どもに最低限の西洋音楽的技術を獲得させることが音楽科教育の目的だ」という論の弱さも指摘できる。西洋音楽的技術を含む特定音楽文化の知識・技能は確かに子どもに〈自由〉に音楽する選択肢を与える。したがって、音楽科教育における内容論的議論として「西洋音楽的技術を獲得させることの是非」について検討してもよいかもしれない。しかし、ここでの議論の争点は「子どもの非他律的態度を育み〈自由〉や〈自由の相互承認〉を促進するような技術教育をする上で西洋音楽的技術は適切か」であって、「最も素晴らしい音楽的技術はなにか」ではない点に留意したい。これまでにも確認してきたように、「特定音楽文化についての知識・技能」の獲得が、直ちに〈自由〉や〈自由の相互承認〉に繋がるわけではない。「特定音楽文化についての知識・技能」があるからこそ、それ以外の音楽文化に対して偏見をもったり、その技能がない仲間を蔑んだりといったような排他的態度をとってしまう可能性さえある。また、「特定音楽文化についての知識・技能」は基本的に青天井である。したがって、中途半端な知識・技能は自分の無能さをむしろ自覚することになる。そのような能力不足という規定性（制限）を打開する「可能性」を見出すことができればその学習者は〈自由〉になれるのかもしれないが、専門家の圧倒的なパフォーマンスを目にした子どもは「可能性」を感じることなく逆に他律的音楽観を持ってしまうかもしれない。「特定音楽文化についての知識・技能」は、常に非他律的態度とともに獲得されなければ音楽科教育はその存在意義を失う。音楽科教育の目的が「音楽に対する非他律的態度を通して〈自由〉や〈自由の相互承認〉を実質化すること」なのであれば、「特定音楽文化についての知識・技能」を育てること自体が自己目的化してはいけないはずだ。「特定音楽文化についての知識・技能」は、それが子ども個人の〈自由〉な音楽的行為やクラス（社会）全体でお互いの表現を認め合う〈自由の相互承認〉の実質化に寄与する形で教えられなければならない。

では、筆者の目的論はスモールのミュージッキング論とどのように関わるのだろうか。先述したように、スモールはライブ会場の清掃やチケットもぎりといった行為でさえも「音楽する」行為に含まれることを指摘し、音楽への参加可能性を拡張した。この論の記述的妥当性については賛否あるが、本書では扱わない。本書が検討すべきは、「音楽科の授業の中で子どもにチケットもぎりを経験させるべきか」という規範的問いであった。

この問いに回答するためには「子どもにチケットもぎりを体験させることで音楽に対する非他律的態度を効果的に育むことができるかどうか」を検討する必要があるだろう。例えば、インディーズバンドが行う小さなライブでのチケットもぎりの様子を映像資料等で学習することで、子どもは売れていないミュージシャンにもファンが存在していること、そのミュージシャンはそのファンから心からの承認を受けていること、そしてそのファンはオーディエンスという形で積極的に音楽に参加しようとしていることを知るかもしれない。そしてそのような学習を通して、音楽における「売れている／売れていない」「うまい／へた」「演奏者（主役）／聴衆（脇役）」といった二項対立的価値観を相対化し、音楽することの多様性を感得し、非他律的態度をもって音楽と関わることができるようになるかもしれない。そのような学習の軌跡を想像できるのであれば、音楽科がチケットもぎりを学習対象にしてもよいだろう。あるいは、教室でチケットをもぎってみてもいいだろう。

他にもいくらでも具体例を挙げて考えることは可能だが、一旦ここでこれまでの議論をまとめておこう。

私たちが生きる社会には、西洋音楽および西洋音楽的なポピュラーミュージックが溢れている。そして、資本主義社会の中で大量生産される西洋音楽とそれへの単純接触効果により、そのような音楽における「慣例的概念」が音楽全般の「良さや美しさ」の元締めかのような価値観が、私たちの世界には不可避的に広まっている。そのような風潮は、「ピッチバーにあっているかどうか」だけで歌の巧さを競わせるような音楽番組や、高級ヴァイオリンの音を知っている人間が教養人であるかのように見せるバラエティ番組がテレビやネットで流行していることからも明らかである。我々は「既に良いとされている音楽」を詰め込まれすぎたことによって、音響そのものにピュアに向き合う身体をもはや持ち合わせていないのだ。画一的美の規準を積極的に設けて音楽経験をその規準との差分で評価しようとする態度はあまりに他律的であり、もはや非音楽的とさえ言えるだろう。私たちは音響に触れているようで、実はそこに紐づけられた言語による価値体系をこねくりまわすことに必死になっている。

音楽科は、そのような他律的な音楽観を助長してはいけない。音楽科はある種のアファーマティブアクション（積極的格差是正措置）として、西洋音楽およびポピュラーミュージック的な「良さや美しさ」は「慣例的概念」でしかないこと、個人が音楽する際には特定音楽文化における「良さや美しさ」に束縛される必要がないこと、「良さや美しさ」という概念を相対化した先に豊かな音響の肌理が存在することを、声高に主張しなければならない。そして子ども個人の音楽する〈自由〉、全ての人がお互いの音楽表現を認め合うために必要な〈自由の相互承認〉を実質化するために、音楽科は全ての子どもに音楽に対する非他律的態度を獲得させなければならない。音楽に対する非他律的態度は、特定音楽文化を専門的に学ぶことで自然と醸成されるわけではない。むしろ、特定音楽文化についての学習は、「これこそが正しい音楽表現なのだ」という他律的音楽観を内面化させかねない。したがって、公教育以外の教育に非他律的態度の涵養を期待することは難しいだろう。だからこそ公教育に音楽科教育が必要になる。それこそが、音楽科教育の存在意義である。

メタ音楽（Meta-Music）による〈自由〉及び〈自由の相互承認〉の実質化

では、音楽に対する非他律的態度はどのような教育によって育つのだろうか。最初に思いつくのは、授業の中で「良さや美しさ」の相対性について教師が口頭で言及する、というシンプルなものであろう。特定音楽文化における「良さや美しさ」について教えながらも、「この美の規準はこの音楽文化でのみ適用するものであって、全ての音楽文化に適用されるものではないし束縛される必要もないですよ！」ということをいちいち言葉で強調すれば、他律的音楽観が醸成されるのを一定程度予防することができる。ＭＭＣＰについての考察でも触れたように、「慣例的概念」を絶対視させないために教師がそれを相対化するためのコメントをこまめに挟んでいく発想は、なんとも面倒な方法ではあるが一定程度の有用性を備えていると言えそうだ。このような配慮は、「良さや美しさ」の多様性とそれに伴うコンプライアンスを考慮すると、なぜ今までなされなかったのか不思議でさえある。しかし私たちは、美の多様性について「把握」するということと、既存の価値観において美に脊髄反射的に「反応」するということは全く別物である、という点も合わせて理解しておかなければならない。

ここで思考実験をしてみよう。日本の義務教育課程に世界の美容を学ぶ「美容科」という教科が存在していたと仮定する。そして美容科の中で、日本における「かわいい」を教える授業があったとする。本日の題材は「令和のかわいい顔と平成のかわいい顔の違い」である。教師は、「平成のかわいい顔の特徴は面長で〜……」と丁寧に説明する。「かわいい」という学問領域を構成する「本来的概念」である「輪郭」の中でも、「面長」という「慣例的概念」にフォーカスした指導だ。そして教師は「一方令和は丸顔がかわいいとされていて〜……」と続ける。もちろん「丸顔」も「慣例的概念」だ。この授業では、「輪郭」という「本来的概念」を多角的に検証する授業のようだ。「美容科」という学問領域の本質的思考に不可欠な鍵概念である「輪郭」が丁寧にピックアップされており、非常にわかりやすい。

さてこの授業の最後に教師が発言すべきことはなんだろうか。いうまでもなくこの授業において必要な注釈は、コンプライアンスに縛られたテレビＣＭどころの騒ぎではなく長大なものになる。

＊　＊　＊

「今日の授業では令和のかわいい顔と平成のかわいい顔の違いについて取り扱いました。しかしこれらが普遍的に美しい顔というわけではありません。良さや美しさというのは相対的、可変的であり、絶対的美というものは存在しません。今回紹介したのは『令和の日本におけるかわいい顔』『平成の日本におけるかわいい顔』という限定付きです。みなさんは自由に自分なりのかわいいを追求する権利がありますし、他者のかわいいを画一的な規準でジャッジすることは許されません。今日学習したのはあくまで特定条件下においてかわいいとされる顔の客観的特徴であって、普遍的なかわいさの条件ではありません。そのことを重々ご理解いただいた上で、かわいさについて考えてみましょうね。それではまた来週！」

＊　＊　＊

このような教師のコメントは、公教育について「かわいい顔」というセンシティブなテーマを扱う際に当然必要な配慮になるだろう。しかし、このような授業の後「令和のかわいい顔」にも当てはまらず「平成のかわいい顔」にも当てはまらなかった子どもは、本当に「かわいい顔って確かに相対的だよな」と感じることができるだろうか。その子どもは「自分のかわいい顔を追求する権利」を〈自由〉に行使することが本当にできるだろうか。そのような授業は、個人が「かわいい顔」を探求する〈自由〉や、クラス全体がそれぞれの「かわいい顔」の探求を認め合えるような〈自由の相互承認〉を実質化することに寄与していると言えるだろうか。

例えば、昨今のモデルの世界では、ボディポジティブと呼ばれる運動が盛んだ。従来のファッションモデル業界においては健康体重よりも遥かに軽い体重の細いフォルムが「美しい」身体とされていた。しかし、それを見た若者が「自分も細くならなきゃ」と他律的身体観を持ち、結果的に摂食障害になるようなケースが多発したことで、モデル業界の痩身信仰は近年ようやく問題視されるようになっている。そこで、プラスサイズモデルと呼ばれる健康体重程度もしくはそれより重い体重のモデルが啓蒙活動を行い、「自分の身体を愛そう」と身体の多様性を訴えているのである。筆者はこの活動に心から共感し、授業や講演等でも頻繁に触れているほどであるが、一方で、従来的な価値観による細いスーパーモデルの間に健康体重以上の身体を持つプラスサイズモデルが並んでいることに嫌悪感を示す消費者も残念ながらいないわけではない。おそらく殆どの消費者は、身体による差別的対応に問題がある事について一定程度の「理解」をもっているだろう。しかし、自分の愛するブランドの洋服をプラスサイズモデルが身につけることにネガティブな「反応」をしてしまうのである。ここに、美における「理解」と「反応」の断裂がある。

これは、私たちが特定の顔や体型に対して本能的に「美」を感じる、という意味ではない。「良さや美しさ」の規準は可変的であり、それらは恣意的に決められている。特定の身体の形に美は内在しない。「スタイルが良い」という概念でさえ、シニフィアンとしての身体に紐付けられた言語による価値体系に過ぎない。しかし、それでも私たちは「良いとされてきたもの」「美しいとされてきたもの」というオーソライズされた美を疑うことが困難であり、新たな「良さや美しさ」の可能性を提示されてもそれを受け入れることができないのである。

音楽においてもこれは同様だ。いくら教師が丁寧に西洋音楽的（ポピュラーミュージック的）価値観を相対化し、その結果として子どもが美の多様性について「理解」することができたとしても、子どもたちは雅楽やケチャや歌舞伎のような音楽に対して「変なものだ」「奇妙な音楽だ」と「反応」してしまうかもしれない。もちろん全ての子どもがケチャや歌舞伎を「最高にかっこいい」と感じる必要はないし、そのような反応を強制することには倫理的な問題点がある。しかし、だからといって特定の表現に対するネガティブな「反応」は〈自由の相互承認〉の原則に抵触する。表現の〈自由〉を社会レベルで実質化するには、多様な表現に対する承認の態度が必要だ。そして、音楽における承認とは、言語による既存の価値体系で音を捉えることを辞め、素材としての音をそのまま受容することでもある。

ＭＭＣＰの用語を用いるのであれば、「本来的概念」と「慣例的概念」を区別すること自体は可能だ。しかし、現代日本のように西洋音楽的（ポピュラーミュージック的）価値観が圧倒的な影響力をもつ社会において、「正確なピッチなんて慣例的概念に過ぎない」「機能和声を操る力なんて一時期の西洋音楽で流行した慣例的概念を実現するための技能でしかない」と口頭で説明したところで説得力を持たない。私たちは、マジョリティの音楽で活用される「慣例的概念」に触れつつ、同時にマイノリティである非西洋音楽的な音楽についてもその豊かな音響を積極的に承認できるような授業を実施しなければならないのである。

「良さや美しさ」の多様性を体験的に理解させるためにはどのような教育実践が必要なのだろうか。筆者はメタ音楽（Meta-Music）にその可能性を見ている。メタ音楽とは筆者による造語で、簡潔に言えば特定音楽文化における「良さや美しさ」に束縛されない集団即興演奏のことである[111]。多様な響きの併存を奨励することでそれらに付随する「良さや美しさ」の概念が相殺され、その結果あらゆる音楽に対する非他律的態度が得られるような即興演奏のことを、筆者はメタ音楽と呼んでいる。デレク・ベイリーらが目指したいわゆるフリーインプロヴィゼーションが様々な音楽文化のイディオムをむしろ避け、あらゆる音楽文化と重複しない響きを希求しようとしていたのに対し[112]、メタ音楽は特定音楽文化のイディオムを積極的に許容する。メタ音楽は、西洋音楽的なフレーズやジャズ的ななフレーズ、雅楽的なフレーズ、あるいは既存のジャンルにおいては良いとされないようなフレーズが併存することをむしろ奨励するような性質をもっている。

例えば、西洋音楽的な意味においてのテンポキープができない子どもがいたとしよう。したがってその子どもは、拍節的なリズムを機械的に演奏することを極端に苦手としている。したがって、拍節的な演奏を「良い」「美しい」とする多くの器楽合奏において、彼の演奏が仲間に承認されることはこれまで難しかった。しかし、メタ音楽としての集団即興演奏においては、その子どもが演奏する不規則なリズムを「それはそれでおもしろいよね」と評価することができる。あるいは、リコーダーで正確な運指を記憶できない子どもが頭部管だけで鳥の鳴き声のような音を演奏した時、メタ音楽の実践においては「面白いアイディアだね」と評価することができる。メタ音楽においては、言語による価値体系を参照することなく、素材としての音をそのまま承認することができる。

また、いわゆるフリーインプロヴィゼーションとは異なり、メタ音楽においては様々な音楽文化のイディオムを活用することが積極的に認められるので、メタ音楽ではジャズ的なフレーズや西洋音楽的なフレーズが同時多発的に併存することになる。しかし、特定ジャンルから引用されたイディオムを参照元のオーセンティシティに準じて演奏する必要も無いので、メタ音楽においては表現に関する「すべき」あるいは「しないべき（してはいけない）」が実質的に存在しない。メタ音楽は、特定の音楽文化における音響を「良さや美しさ」の規準から分離して借用することで、結果的に「良さや美しさ」の恣意性について体験的に理解することを可能にする。「良さや美しさ」という言語的概念がその身を潜め、音そのものとしての音楽が現前する教室においては、子どもの〈自由〉な表現は教師からも仲間からも承認される。まさに〈自由〉および〈自由の相互承認〉を音楽的な文脈で実質化するための実践がメタ音楽なのである。

これは、「良さや美しさ」の規準が強力に機能する特定音楽文化の実践の中で子どもの表現の一切を許容する、という音楽教育実践とは全く異なる。例えば、我々は一般的な合唱の場においてピッチの取れない子どもの歌唱をポジティブに評価することも可能だ。あるいは、特定の器楽曲を間違え止まりながら演奏する子どもの姿を「いい演奏だったね」と評価することも可能である。スモールが指摘したように、音楽とは作品そのものではなくパフォーマンス、出来事としてのミュージッキングなので、オーセンティックな方法で作品を再現することだけが唯一絶対の音楽の在り方ではない。子どもが自分なりのコンテクストにおいて音楽に参加するプロセスをもって、「その歌い方もいいね」と評価することは不可能ではないし、実際の教育現場においてもそのような指導実態は存在するだろう。

そのような指導も、カリキュラム全体として非他律的態度を育てることに貢献するのであれば悪くないだろう。しかし、特定音楽文化の「良さや美しさ」を活用しながら「なんでもあり」の状態を許容することが常態化してしまうと、別の機会に「文化の継承」としての音楽教育をしようとしたときに教科としての矛盾を露呈することになってしまう。西洋音楽をベースとする合唱音楽において、純正律的なハーモニーを構成する歌唱が「良い」「美しい」とされてきたのは記述的な事実であり、その記述的事実を子どもに教えることも音楽科教育において一定程度重要になるはずだ（もちろん特定音楽文化の「良さや美しさ」はそれに対する非他律的態度とともに教えられるべきではあるが）。合唱において規定のピッチを逸脱した歌唱表現が音楽の出来事性を加味してポジティブに評価されたとしても、「西洋合唱文化においては純正律的なハーモニーが良いとされている」という事実それ自体が消失するわけではない。また、「どんな歌い方でも許されるのだ」というマインドのもと西洋音楽的な「良さや美しさ」を一切無視した歌唱をすることが常態化した子どもは、学校の外で西洋音楽的合唱コミュニティーに参与したときに大きな戸惑いを覚えることになるだろう。音楽教育の状況依存性を尊重し、特定音楽文化の「良さや美しさ」の規準を逸脱した表現をポジティブに評価することは一定程度認められるべきだが、教科教育の場で特定音楽文化における「良さや美しさ」の規準を改変したり排除したりすることにはリスクも伴う。特定音楽文化の「良さや美しさ」の扱いは実は非常にデリケートなのだ。

一方で、そもそも特定の「良さや美しさ」の規準が存在しないメタ音楽であれば、この問題は生じない。メタ音楽には遵守すべき「良さや美しさ」がはじめから存在しないので、教師は子どものチャレンジを一切の留保なく承認することができる。音楽のパラロジカルな性格をそのまま規範的に写し取った活動であるとも言えるだろう。ただ聴き、ただ音を鳴らすことで生起するメタ音楽は、公共性と規範性を内包した音楽科教育という特殊な音楽実践の場において、極めて重要な意味を持つはずだ。

ここまでに、メタ音楽が音楽に対する非他律的態度を涵養する上で有益な実践になりうることを論じてきた。ではメタ音楽とは具体的にどのような実践なのだろうか。例えばMMCPのカリキュラムで実践されていた即興的創作の実践は限りなくメタ音楽的だと言えるだろう。「本来的概念」から始まる即興演奏には、創作の起点となる要素は存在しつつも、それが「良さや美しさ」を規定するオーセンティシティにはなり得ない。「良さや美しさ」ではなく音響そのものに注目してカリキュラムを構築したＭＭＣＰは、実質的にメタ音楽のカリキュラムを構築していたといっていいだろう。

一方で、ＭＭＣＰが依拠するスパイラルカリキュラムの構造は、日本の教科教育の現場にインスタントに持ち込むには規模が大きすぎる。少ない授業数の中で様々な内容を取り扱わなければならない音楽科において、一年間のカリキュラムの多くをメタ音楽の実践に当てることは現実的ではないだろう。より今日の音楽科教育の実態にあった、平易に実践可能なメタ音楽が必要だ。そのようなメタ音楽の具体的な事例として、次章ではサウンドペインティングと呼ばれる指揮付き集団即興演奏と、カードを用いた集団即興演奏である《ＧＭＩＣ》について紹介する。特に《ＧＭＩＣ》については、授業が一コマあれば一つの題材として成立しうるくらいには平易な実践可能性を備えている。そして筆者は実際に小学校でゲスト講師として四十五分の枠内で《ＧＭＩＣ》を使った授業を行い、手応えを感じている。次章の提案が、教師として授業に従事する読者の明日の実践に生かされればこれほど嬉しいことはない。

私たちは、「特定音楽文化についての知識・技能」を授業で取り扱いながら、それらが子どもの中で内的に「法」化するのを防がなければならない。そのためには「特定音楽文化についての知識・技能」を無視することなくそれらを相対化するための特殊な音楽実践が必要になる。メタ音楽はそのような試みに資する稀有なものになるはずだ。

参考文献および注

96 苫野一徳（二〇一四）『「自由」はいかに可能か――社会構想のための哲学』ＮＨＫ出版、p.86

97 同前書、pp.89-92

98 同前書、p.87

99 同前書、p.82

100 Deci, E. L., & Ryan, R. M. (2012), "Motivation, personality, and development within embedded social contexts: An overview of self-determination theory". In R. M. Ryan (Ed.), *The Oxford handbook of human motivation*. Oxford University Press. p.87

101 苫野一徳（二〇一四）『「自由」はいかに可能か――社会構想のための哲学』ＮＨＫ出版、p.102

102 苫野一徳（二〇一二）『学問としての教育学』日本評論社、p.112

103 苫野一徳（二〇一四）『「自由」はいかに可能か――社会構想のための哲学』ＮＨＫ出版、p.105

104 苫野一徳（二〇一二）『学問としての教育学』日本評論社、p.96

105 同前書、pp.113-114

106 同前書、p.205

107 武藤隆（二〇〇九）『幼児教育の原則―保育内容を徹底的に考える』ミネルヴァ書房、p.9

108 苫野一徳（二〇一一）『どのような教育が「よい」教育か』講談社、p.25

109 同前書、p.137

110 先述したとおり、「他律（heteronomy）」の対義語は「自律（autonomy）」であるが、「自律」という言葉は自己決定理論（Self-Determination Theory）における自律の概念を想起させる。自己決定理論における自律は他者に与えられた目標を内面化していくプロセスを含むが（Ryan & Deci, 2000）、ここで強調すべきは目標の内面化ではなく、伝統の内的「法」化に積極的に抗おうとする態度である。したがってここではあえて「非他律的（anti-heteronomy）」という語を用いることとした。

111 メタ音楽（meta-music）という語自体は、ルチアーノ・ベリオが音楽と言語の関係性を探求する際に過去に用いていたようであるが、本書における語意とは全く異なる。ベリオによるmeta-musicの用語法は下記の論文に詳しい：Choi, K. M. (2022), "In Pursuit of Utopia Between Sound and Sense: Luciano Berio's "Linguistic Projects" of Meta-Music", Duke University

112 D・ベイリー／竹田賢一、木幡和枝、斉藤栄一訳（一九八一）『インプロヴィゼーション―即興演奏の彼方へ』工作舎、p.189

第四章

メタ音楽（Meta-Music）としての集団即興演奏

1 サウンドペインティング研究で得られた知見

筆者と集団即興演奏との出会い

前章で、音楽科教育の存在意義が「個人の音楽的〈自由〉および相互の音楽表現を認め合う〈自由の相互承認〉の実質化」にあること、そしてそれを実現するためには「良さや美しさ」の規準に対する非他律的態度を全ての子どものうちに涵養する必要があることを指摘した。そして、非他律的態度を涵養するためには、各音楽文化の「良さや美しさ」を継承させるのみならず、メタ音楽の実践を通してそれらを相対化する必要があることも論じた。そこで、本章ではメタ音楽の具体的な実態について詳しく論じていこうと思う。

しかしその前に、筆者が即興演奏に出会ったきっかけについて簡単に説明しておきたい。筆者は、多くの読者同様「文化の継承」としての西洋音楽教育を専門的に受けてきた。今では集団即興演奏のワークショップを開催したり即興演奏について研究したりしているが、元々はクラシック音楽の半専門家であり熱心な愛好家であった。そこから偶然即興演奏に出会ったという事実を示すことは、集団即興演奏としてのメタ音楽に対する読者のハードルを下げることになるのではないか。メタ音楽という未知の実践に対する読者の忌避感が減じられるのであれば、筆者の個人的体験を本書に掲載することにも重要な意味がある。

筆者が西洋音楽を学び始めたのは比較的遅く、高校で吹奏楽部に入部したタイミングだった。たまたま割り当てられたサキソフォンにすっかり夢中になってしまった筆者は、専門的にクラシックサキソフォンを学びたくなり、個人レッスンに通うようになる。そのうえで、ある意味当然の帰結として「音大に行きたい」と漠然と考えるようになるのだが、残念ながら親には許可されず、最終的に広島大学の教育学部にある音楽科教員養成課程に入学することになった。当時の教育学部音楽科は西洋音楽の専門家による授業が多く、ちょっとした音大のような雰囲気があった。そこで筆者は専攻楽器であるサキソフォンを中心に、和声、声楽、ピアノ、吹奏楽、オーケストラ等の授業を受けながら、クラシック音楽を体系的に学んでいた。言ってしまえば、音楽科教育の存在意義や即興演奏の価値などは一切眼中になく、再現芸術としてのクラシック音楽に夢中になっていたのである。

学部を卒業して同大学で大学院生になってからは、本業である音楽教育学研究の傍ら大学の外にクラシックサキソフォンのレッスンを受けに行っていた。当時師事していた方はパリ国立高等音楽院を卒業した人で、普段のレッスンではまさにオーセンティックなフレンチサキソフォンの奏法と表現を徹底して教えてくれた。細かく分析的な指導で、最初の一小節から先に進ませてもらえない、というようなレッスンはざらだった。今振り返ればまさに「文化の継承」的な「銀行型教育」だったように思うのだが、当時の筆者は西洋音楽をオーセンティックに継承することの意味に微塵も疑問をもっていなかった。むしろ、正統なフレンチサキソフォンの流儀を学びたいと渇望していた当時の筆者にとっては願ってもない学習機会だったのである。

そんな厳しくも丁寧なレッスンをする師匠が、ある日「集団即興演奏のワークショップを開催するのでよかったら来てみたら？」という。師匠は、パリ国立高等音楽院でサキソフォン科のみならず即興演奏科も修了しているような一風変わった経歴をもつ人だった。当時の筆者はパリ国立高等音楽院の即興演奏科がどんなことを学ぶ場なのかよくわかっていなかったのだが、ジャズやバロックといった特定の様式をもつ即興演奏を学ぶ場ではないことくらいは把握してた。したがって、ワークショップについても「みんなで集まってフリーインプロヴィゼーションのようなことをやるのかな……?」という漠然としたイメージをもって参加してみたのだが、結果的に筆者の音楽教育観は大きく揺らぐことになる。

普段のレッスンでは厳密な表現指導、奏法指導をする師匠が、そのワークショップではほとんど大した説明もせず「それでは今から二十分間みなさんで即興してください、どうぞ!」と言って演奏を始めさせ、あらゆるパフォーマンスを許容していたのである。いつも「その音はクラシックでは使えないな」「そのフレージングでフランス物を吹くのはまずいでしょ」と「すべき」を細かく口にする師匠が、即興演奏の場ではどんな音を出しても「すべき」を示してこない。なにか指導が入るとしたら、もじもじしている参加者に対して「ビビらず音を出しゃいいんだよ〜」と励ましたり、「本当はあそこもっと目立ちたかったんでしょ? やりたいと思ったならやらなきゃ!」と鼓舞したり、といった程度だった。今振り返ってみれば、このようなファシリテーションとしての指導を自然に行っていた師匠は即興演奏教育に長けていたのだと思うが、当時の筆者はそのことに全く気づかなかった。

そのような師匠の指導スタイルの変貌ぶりを目の当たりにし、筆者は音楽教育の新たな様相に触れた気がした。筆者は、師匠がファシリテートする集団即興演奏への参加を通して、確かに何かを学んでいた。しかしそれは西洋音楽のレッスンで生起する「すべき」に関する知識や技能の獲得とは全く異なるものだった。師匠は参加者に対して即興演奏に関わる具体的な技法を何も教えていない。少なくとも、教えるべきなにかを明示していない。フレイレの言葉を借りれば、師匠は「知る者」としての立ち振る舞いを一切せず、また参加者を「知らない者」扱いしなかった。しかし、筆者を含めた参加者は確実に何かを学んでいる。筆者がこれまでに経験したあらゆる音楽教育、音楽学習とは異なる学びの空間がそこにはあった。

何度かそのような集団即興演奏ワークショップに参加することで、筆者の音楽教育観はじわじわと融解し、そして再構築されていった。集団即興演奏を経験する以前の筆者にとって、「音楽を学ぶ」とは過去にヨーロッパで醸成された「良さや美しさ」の規準を正統に継承して内面化し、それを音として現前させるための技術を獲得することだった。しかし、集団即興演奏で得られた学びはそれとは異なる。もしかしたら、「音楽を学ぶ」とは「注意深く音を聴き勇気をもって音を出す」というシンプルな一連の行為の形而上学的洗練なのではないか。そしてそのような洗練を学習者にもたらすために、教師は「知る者」であることを放棄し、アウトプットを学習者に委ねる勇気を持たなければならないのではないか。音楽科教育において本当に必要なのはこのような教育実践なのではないか。そのような漠然とした思いが生起するようになった。

指揮付き集団即興演奏としてのサウンドペインティング

そのようにして集団即興演奏に音楽科教育の閉塞感を打破する可能性を感じた筆者だったが、だからといって教科教育の場で「それでは今から二十分間、みなさんで即興してください、どうぞ!」という師匠譲りの授業をするのはなかなかにハードルが高そうであることも承知していた。自分が中学校で非常勤講師をしていたときのことを思い返してみても、そのような授業を取り入れてみたいとは到底思えなかった。どうにかして集団即興演奏を教科教育に取り入れることができるようなアイディアがないかと考えていたところ、サウンドペインティングと呼ばれる集団即興演奏実践の存在を知ったのであった。

サウンドペインティングとは、開発者のワルター・トンプソンによって「音楽家、役者、ダンサー、そして視覚芸術家のための、ユニバーサルで学際的なライブ作曲のサイン言語」[113]およびそれを用いた実践として定義されている。簡単に言えば、指揮者と演奏者に分かれて行うサインを用いた集団即興演奏だ。

サウンドペインティングにおいては、指揮者的な役割を果たすリーダーのことをサウンドペインター（soundpainter）と呼ぶ。サウンドペインターは、演奏者の前に立って即興的にハンドサインを出すことで合奏の骨格を形作る。そしてサウンドペインターのサインを解釈しながら音を出すのが演奏者である。したがって、音楽の全体的な構成に関してはサウンドペインターが大きな影響力を有することになるが、一方で「指示された演奏者は好きなことをする」といったように演奏の詳細を演奏者に任せてしまうサインも多く、音楽表現の実態はサウンドペインターと演奏者によって相互依存的に構築されていく。実際のサインのジェスチャーや実践の様子はトンプソン本人の YouTube チャンネルを見るのがわかりやすい[114]。筆者の YouTube チャンネルにも日本語でサウンドペインティングの技法を紹介している動画があるのでそちらを参照するのもよいだろう[115]。

詳しい方法論は動画資料に譲るとして、本書ではいくつか典型的なサインを紹介しておこう。例えば〈long tone〉というサインは、演奏者にとにかく長い音を要求するサインである。長い音といっても楽音での西洋音楽的ロングトーンや打楽器での同音連打、あるいは管楽器でのトリルのように様々な音が許容される。とにかく音が伸びてさえいればよい、という点で即興的選択の余地があるサインである。

また〈scanning〉というサインは、サウンドペインターに手をかざされている間演奏者は自由に即興演奏をする、というサインである。ただし、サウンドペインターの手が離れた段階で即興演奏をやめなければならないので、演奏者には瞬発力を伴う即興演奏が求められる。〈point to point〉も同様にサウンドペインターに指をさされている間自由に即興演奏をする、というサインである。これらは演奏者の自由度が比較的高いサインだと言えるだろう。

他にも、特定の拍子で即興演奏をする〈minimalism〉や、サウンドペインターの身体運動を模倣して音を出す〈shape line〉等、サインの数は膨大である。筆者がサウンドペインティングを実践する際に常用しているサインは四十程度だと思われるが、開発者のトンプソンによればサインの総数は千を超えているとされる。これらを組み合わせて集団で即興演奏を行うのがサウンドペインティングの技法である。繰り返しになるが、実践の方法論については動画資料を参照したほうが効果的に理解できるのでそちらを推奨したい。

サウンドペインティング研究の概要
――参与観察、半構造化グループインタビュー、SCAT

筆者は、とある音楽大学の授業の中でサウンドペインティングが実践されていることを知り、その大学で参加者に対する調査を実施した。調査の内容と結果は拙稿「様式的規範に束縛されない集団即興演奏における演奏者の習熟過程―サウンドペインティング実践者に対するインタビューとSCATによるテキスト分析を通して―」に論文としてまとめてあるが[116]、本書でも調査によって得られた示唆をかいつまんで紹介しておきたい。

近年の音楽教育学領域では、音楽に関わる人の認識そのものに注目するような研究が盛んに行われている。楽曲それ自体を分析するには楽譜を見ればよいが、音楽に関わる人の認識を研究するにはどのような方法が想定されるだろうか。いわゆる質的研究(Qualitative Research)の文脈では、音楽する人の様子をビデオに撮ってその様子を文字に起こし、そのテキストデータを分析するエピソード記述という研究方法や、インタビューで得られた文字情報を特定のメソッドで分析する方法等が存在する。筆者は後者を選択した。人間の思考はその人間が用いる言語に現れる。インタビューで得られた語りを適切に分析することで、発話者が音楽や音楽経験をどのように捉えているのか明らかにすることができるのである。

一方で、人間が語る言葉は、インタビューする研究者側の発問の在り方や、研究者と研究対象の人間関係によっても当然ながら変容する。多くの場合、研究対象である人間にとって、研究者の個人的関心に基づく研究に付き合ったところで得られるものはあまりない。したがって、相互に人間関係のない状態でインタビューをしたところで、「自分の考えを熱心に語っても仕方ないよな」と思われてしまい、結果的に良いデータが取れないことになる。そこで筆者はサウンドペインティングが行われている大学の授業に毎週顔を出し、学生と一緒に演奏することにした。このようなフィールドワークの方法を参与観察と呼ぶ。参与観察を通して、筆者と学生たちは「ともにサウンドペインティングを実践する仲間」になることができる。そのようにして形成されたラポール（信頼関係）は、インタビューの際に有益に作用する。また、インタビューの際にこちらから質問する内容を見つけるためにも実践を共有しておくことは重要だ。筆者は合計で一年半ほど、関西に住みながら関東の音楽大学の授業に毎週通い続けた。

当該授業を履修している学生たちは、毎週遠方から通ってくる筆者を比較的好意的に受け入れてくれていたようだった。学生たちの属性は様々で、クラシックサキソフォンを専攻する学生からＰＡを学ぶ学生、あるいは作曲を学ぶ学生まで、様々なバックグラウンドをもつ学生が集まっていた。即興演奏というものに初めて触れる学生も当然いた。そして、そのようなダイバーシティあふれる場に、筆者も次第に馴染んでいった。筆者の熱意をかってくれたのか、学生たちはグループインタビューで随分積極的にサウンドペインティングでの気付きや葛藤を語ってくれた。即興演奏における気づきを言語化するのは簡単なことではないが、参与観察をしていたおかげでこちらも学生の語りの意図を汲み取ることができ、対話を展開させることができた。結果としてよいインタビューになったと思う。

インタビューを録音することで得られた音声データはテキストデータに変換されなければならない。筆者は音声データを聴きながら、自分と学生の会話をテキストに起こし、そのテキストデータをSteps for Coding and Theorization（ＳＣＡＴ）というメソッドで分析した[117]。

そのような方法論を用いて筆者が明らかにしようとしたのは、大学生がサウンドペインティングに習熟していくプロセスである。集団即興演奏に慣れていない大学生たちはサウンドペインティングに参加することでどのような困難に直面するのだろうか。そしてその困難はどのように克服されるのだろうか。それを明らかにすることができれば、音楽科教育の場に集団即興演奏を導入する際のヒントになるのではないかと考えた。

サウンドペインティングにおける三つの「難しさ」と「失敗不在の原則」

インタビューで得られたテキストデータをSCATで分析した結果、興味深いことが分かった。サウンドペインティングに演奏者として参加していた音大生たちは、三つの「難しさ」、すなわち「記憶・反応の難しさ」「即興的創作の難しさ」「自己開示の難しさ」に直面していたこと、そしてそれらの「難しさ」は全て実践の中で自然と克服されていたことが明らかになったのである[118]。この三つの「難しさ」は、サウンドペインティングのみならず、様々な形態の集団即興演奏において参加者がぶつかる壁でもあることが推察される。こちらも研究の結果を簡単に紹介しておこう。

まず、参加者が最初に直面するのはサウンドペインティングで用いられるサインに関する「記憶・反応の難しさ」である。サウンドペインティングでは複数のハンドサインが組み合わされる形で指示が出される。演奏者は、サウンドペインターが用いる一つ一つのジェスチャーの意味を瞬時に理解して対応しなければならない。したがって、複数のサインを記憶し、それに直ちに反応することが演奏者にとっての最初の困難となる。しかし、千以上のサインが存在するといっても毎回その全てを用いるわけではない。限定的なサインを用いてセッションを繰り返せば、「記憶・反応の難しさ」は自然と克服される。このプロセスはある意味当たり前で、特筆すべきものではないだろう。

次に問題となるのが「即興的創作の難しさ」である。例えば、〈point to point〉は先述した通りサウンドペインターに指をさされている間自由な即興を演奏する、というサインである。「記憶・反応の難しさ」を克服している演奏者であれば、そのサインの意味を認識し、直ちに即興演奏を開始しようとするだろう。しかし、即興演奏に慣れていない者にとって「自由な即興演奏」ほどやっかいなものはない。「何をやってもいい」と言われても何をやっていいかわからない、というジレンマは、自由度の高い即興演奏に参加したことがある人なら一度は経験したことがあるだろう。筆者も、師匠のワークショップで経験した「二十分間好きなようにどうぞ」という即興演奏において「即興的創作の難しさ」に直面したことをよく覚えている。

しかし、サウンドペインティングは、演奏者が直面する「即興的創作の難しさ」を自然と克服させるような機能を内包している点で特徴的だ。〈point to point〉は指をさされている間何をやってもいいという自由度の高いサインだが、一方で〈minimalism〉はサウンドペインターが提示する拍子とテンポの中で即興演奏をするという拘束力のやや高いサインである。演奏者は、特定拍子と特定テンポという素材をヒントに自分なりのフレーズを創出することになる。他にも、〈long tone〉は単に音を伸ばすサインであるが、例えば〈point to point〉で指をさされた演奏者は音を伸ばしてもよいわけなので、〈long tone〉のサインはある意味で〈point to point〉を指示された際のヒントになっている。「何をやってもいい」と言われた時のヒントは、サウンドペインティング実践の中にいくらでも落ちているのである。サウンドペインティングには限りなく「なんでもあり」に近いサインと、創作のヒントになるような拘束力のあるサインが併存している。筆者は、後者のサインには「創作の足場かけ」的性質がある、と考えている。サウンドペインティングは、「即興的創作の難しさ」を克服させるための「創作の足場かけ」的性質が実践の中に内包されている点で、即興演奏初心者にも優しい設計になっている。

「即興的創作の難しさ」に関しては象徴的なエピソードがある。筆者は参与観察を通して演奏者の即興演奏が次第にヴァリエーション豊かになっていくのを感じていたので、インタビューの際に「授業以外で即興演奏をうまくやるための個人練習とかやってたんですか？」と聴いてみた。そうすると、多くの演奏者がきょとんとして「個人練習ですか……？してませんけど……」のような反応をしていたのである。ジャズのような即興演奏でさえ、参加者の一人一人が個人練習を全くしないような事態はあまり想定されない。特にクラシック音楽のような再現芸術においては、譜読みをしてこないプレイヤーは合奏から追放されることとさえある。多くの音楽文化において、個人練習とは合奏に参加する者の倫理的義務なのだ。しかし、サウンドペインティングに参加した大学生たちは、サウンドペインティングにおいて「即興的創作の難しさ」に直面しながらも個人練習をしなかっただけでなく、その必要性すら感じていなかった。なぜなら、実践の中に「創作の足場かけ」的性質が存在しているからだ。彼らは創作のヒントになるような拘束力のあるサインで即興的創作のコツを自然と掴んでいった。また他者のフレーズを参考に自分のフレーズを創出していた演奏者もいた。サウンドペインティングでは、合奏と個人練習の区別が融解しているのである。これはある意味エリオットが目指したコンテクストの中での学びでもある。参加者は、サウンドペインティングという実践に没入することで、「即興的創作の難しさ」をコンテクスチュアルに克服していたのである。

そして即興演奏を教育現場に取り入れる際に最も配慮したいのが「自己開示の難しさ」

である。「記憶・反応の難しさ」と「即興的創作の難しさ」を克服した演奏者は〈point to point〉で指をさされた際、即興的にフレーズを創出することができる。しかし、自分の創出したフレーズを人前に晒す行為には、ディスカッションの際に自分の意見を述べるような恐怖が伴う。与えられた原稿を読むアナウンサーにも緊張や恐怖はあるだろうが、自らの思考を開示しなければならない演説に伴う恐怖はそれとは別物だ。そして、即興演奏に慣れていない者にとって後者の恐怖は看過できないものになる。実際、インタビューでも、ある演奏者は「こんな演奏をやっちゃっていいのかな」という戸惑いが実践当初にあったことを告白していた。

では演奏者たちは「自己開示の難しさ」をどのように克服していたのだろうか。ここで重要なのは「チャレンジする他者」とそれを「受容する仲間やリーダー」の存在である。とある演奏者は、「ギターの弦をスポンジで擦って音を出す」という別の演奏者のパフォーマンスが合奏で許容されているのを見て、「サウンドペインティングでは本当に何をやってもいいんだ」という確信を得、その後様々な演奏にチャレンジできるようになったと語っていた。「自己開示の難しさ」が他者を契機に克服される、というのは集団即興演奏ならではの面白い現象であるように思う。

以上のように、サウンドペインティングのようなリーダーを冠する集団即興演奏には「記憶・反応の難しさ」「即興的創作の難しさ」「自己開示の難しさ」があること、そしてそれぞれの「難しさ」は、実践のなかで自然と克服されることが調査を通して明らかになった。ここで一点重要な補足をしておこう。これら三つの「難しさ」が実践の中で自然と克服された背景には、サウンドペインティングにおいて最も重要な理念である「失敗不在の原則」がある。開発者のトンプソンは「サウンドペインティングの基本理念（the basic philosophy of Soundpainting）」として「サウンドペインティングの言語を学ぶ上で最も重要な側面の一つは、『ミスのようなものは存在しない』というサウンドペインティングの理念に慣れることである」[119]と強調している。トンプソンの理念に従えば、演奏者がたとえサインの解釈を誤ったとしても、それは演奏者のミスにはなり得ない。サウンドペインターの意図から外れた音響が生じたとしても、サウンドペインターはその音響を契機として演奏者とともに新たな音楽を作ればよいだけのことなのである。トンプソンは「失敗は一つの機会であるというサウンドペインティングの理念に演奏者が親しむようになれば、創造性の新たな世界がサウンドペインターにとっても演奏者にとっても開かれるだろう」[120]とまで述べている。

トンプソンにとって、演奏者によるサインの解釈ミスは失敗であるどころか新たな音楽が誕生する好機である。そして、そのような開かれた空気があるからこそ、参加者は「即興的創作の難しさ」や「自己開示の難しさ」をスムーズに克服できたのだろう。トンプソンが掲げる「失敗不在の原則」を尊重してサウンドペインティングを実施した場合、サウンドペインターがオーソリティとしての「知る者」や「銀行型教育」を支配する「抑圧者」になることはない。「失敗不在の原則」がある限り、サウンドペインターが「良さや美しさ」を管理するオーソリティになることはあり得ないのである。集団即興演奏をメタ音楽として教科教育の場で実践するうえでは、三つの「難しさ」の存在とその克服プロセスを意識しつつ、「失敗不在の原則」を明示的に共有しておくことが鍵になりそうだ。

②《GMIC》の発案と授業での実践可能性

音楽科の授業に最適化されたメタ音楽の条件とはなにか

先述したように、サウンドペインティングにはその実践のなかに三つの「難しさ」を克服させる機能が内包されていた。そして、開発者のトンプソンが掲げる「失敗不在の原則」は、「教える／教えられる」の非対称関係を克服した音楽科教育を実現するうえで有用なものになりそうだ。サウンドペインティングは、配慮をもって実践されれば、メタ音楽として学習者に非他律的態度を獲得させることに寄与するだろう。

一方で、後述するように、サウンドペインティングをそのまま教科教育の場で実践しようとすると、少々不都合な点が存在する。もしサウンドペインティングのようなメタ音楽が教科教育の場で実際に実践されることを期待するのであれば、そのような実際的な難点を取り除き、少しでも実行可能性を高めた実践のフォーマットを提案することが重要になる。では、サウンドペインティングを音楽科の授業の中で実践しようとした際に生じる難点とはなんだろうか。転じて、「教科教育の場で平易に実践可能なメタ音楽が備えておくべき条件」とはなんだろうか。

例えば、「記憶・反応の難しさ」は教科教育の場ではできるだけ最小限に留めておきたい「難しさ」である。サウンドペインティングにおいては、リーダーであるサウンドペインターが複数のサインを組み合わせて指示を出すことで集団での即興的合奏が成立する。しかし、サウンドペインティングが採用するサインの構造はやや複雑だ。数回のセッションを繰り返せば自然と記憶されるとはいえ、教科教育の場ではその数回のセッション時間を確保することが難しい場合も多々あるだろう。メタ音楽の実践が今日の音楽科教育の場で一般的ではないことを考慮すると、四十五分ないしは五十分の授業一回きりで一定程度成立するような活動のフォーマットを備えていることが望ましい。

では、「記憶・反応の難しさ」を一切取り払うためになんのルールもないフリーインプロヴィゼーションをやればいいかと言われると、それはそれで別の問題が生じることになる。先述したように、サウンドペインティングには〈minimalism〉のような「創作の足場かけ」的性質をもつサインがあるために、即興演奏初心者でも「即興的創作の難しさ」を克服するのが容易になる点が特徴であった。一方で、なんのサインもないフリーインプロヴィゼーションには確かに「記憶・反応の難しさ」がないが、「即興的創作の難しさ」を克服させるために教師ができることもほとんどない。教科教育の場で授業として実践するからには、「即興的創作の難しさ」に直面している子どもをサポートできるような「創作の足場かけ」が内在していることも重要だろう。

また、サウンドペインティングにおけるサインの複雑さは、演奏者側に「記憶・反応の難しさ」をもたらすのみならず、サウンドペインター（リーダー）を子どもが経験することを困難にする。提示されたサインに反応するスキルと、そのようなサインを駆使して自分で音楽を構築するスキルは必ずしもイコールではない。サウンドペインターを子どもに経験させようとすると、「記憶・反応の難しさ」を克服させるのとはまた別に、サインの組み立て方を学ばせる時間が必要になる。子どもがリーダーを経験しやすいフォーマットであることも条件の一つに加えたほうがよさそうだ。

さらに言えば「自己開示の難しさ」の克服を教師が積極的に支援できるような機能が内包されていればなお望ましい。先述したように、子どもが「自己開示の難しさ」を克服するには、チャレンジングな他者としての学習者の存在が重要になる。とはいえ、誰かのチャレンジをただ待つだけではあまりに蓋然的な授業になってしまう。教師はどうにかして子どもたちのチャレンジングな演奏を促進するような支援をしたいと考えるはずだ。したがって、メタ音楽の実践の中に「チャレンジしたくなるような仕掛け」があれば、それをきっかけに「自己開示の難しさ」の克服を波状に生起させることができるかもしれない。

そして最後に、以上のような条件を下支えするものとして「失敗不在の原則」の必要性も強調しておく必要があるだろう。メタ音楽には絶対的な「良さや美しさ」が存在しないのだから、当然そこには表現上の失敗も無い。偶発的に生まれた音響をポジティブに捉え次の表現に活かそうとするマインドは、トンプソンから継承されなければならない。

以上を総括すると、教科教育の場で実践可能なメタ音楽の条件とは次のようなものになる。

①「記憶・反応の難しさ」が最小になるような実践であること
②「創作の足場かけ」的性質が内包されている実践であること
③子どもがリーダーを務めることができるような平易なシステムの実践であること

④子どもの積極的なチャレンジを促進し得る実践であること
⑤「失敗不在の原則」に支えられる実践であること

以上のような条件を踏まえ、サウンドペインティングの仕組みを参照しながら筆者が開発したのが《Group Musical Improvisation with Cards》（以下《ＧＭＩＣ》、ギミックと呼称する）である。以下に《ＧＭＩＣ》について解説していく。

《GMIC》の実践方法解説

《ＧＭＩＣ》は、サウンドペインティングと同様、指示を出すリーダー一名と音を出す演奏者複数名で行う集団即興演奏である。サウンドペインティングがサインを複数組み合わせて指示を出すのに対して、《ＧＭＩＣ》ではカードに書かれてある指示を演奏者に見せることで即興的な合奏を行う。リーダーは特定のカードを左手で持って演奏者に示し、右手でタイミングを合図するようなイメージだ。指示を口頭で読み上げても構わない。カード上の指示は日本語で端的に書かれてあるので、小学生が演奏者を務める場合であっても「記憶・反応の難しさ」はほとんど無いといっていいだろう。実際、筆者は複数の学校で《GMIC》を実践したが、小学校四年生以上であれば実践可能だった。子どもの注意を獲得するのが上手な現場の教師なら、低学年でも十分実践可能だろう。

演奏者の人数については三人程度いれば成立しうるが、ベストな人数は十人から二十人程度だろう。ただし、もちろん三十五人学級を対象に一斉に実践することも可能である。その際の留意点については後述したい。

《GMIC》では、原則として八枚のカードを使用する。各カードはB5からA4程度のサイズで、一枚のカードに一つの指示が書かれてある。カードの指示はそれぞれ〈長い音〉、〈短い音〉、〈○拍子〉、〈パターンチェンジ〉、〈お好きにどうぞ〉、〈雰囲気合わせて〉、〈おもしろアイディア〉、〈目立つソロ〉である。こちらについても実践動画のリンクを注に示しておく[121]。

ここでは具体的にそれぞれのカードの使い方を解説していこう。

〈長い音〉、〈短い音〉

これらのカードは、文字通り長い音と短い音の演奏を演奏者に求めるものである。例えばリーダーは左手で〈長い音〉のカードを持ち、指示を出す対象を右手と目線で示しつつ、対象にカードを見せる。その後、右手を西洋音楽における指揮の要領で動かし、演奏者に長い音を出させる。音が出ている間、両手を上げたり下げたりすることで音量を変化させてもよい。音を切るタイミングもまたリーダーが右手で合図する。〈短い音〉に関しては、単音を指示するカードなので、同様にリーダーは左手でカードを持ち、指示を出す対象を右手と目線で示した後、同じく指揮の要領で腕を動かし、短い音を揃えて演奏させる。

どちらも音の長さに言及するカードなので、音量や音高については演奏者が自由に選択できることになっている。これらのカードを「創作の足場かけ」として活用しつつ、即興演奏を導入するとよいだろう。筆者が即興演奏ワークショップを実施する際には、これらのカードを使って楽譜がない状態で音を出すこと自体に慣れてもらおうと試みている。

また、これらのカードは演奏の終止を形成する上でも有用だ。全員で一斉に〈短い音〉を出せばそれだけで合奏を一区切りさせることができるし、〈長い音〉を出させた後で両手を徐々に下げ、音量を絞りながら終止を演出してもよい。

〈○拍子〉、〈パターンチェンジ〉

これらのカードは拍節感のある音楽を作りたい時に用いられる。〈○拍子〉のカードを使用する場合、リーダーは左手でカードをもって演奏者に示しながら、右手や口頭で拍子を示す。もし四拍子を演奏させたければ、リーダーはカードを持ちながら右手の指で「四」を示し、「四拍子！」と言えばよいだろう。その上で、カードを左手で保持したまま、右手で予備拍を出して合図する。そうすることで、特定の拍子をもった拍節感のある音楽を合奏の中で作ることができる。〈○拍子〉を指示された演奏者は、特定拍子のなかで自分なりの即興演奏をすることになる。例えば四拍子の指示を出された場合、演奏者は一拍目だけに強い音を鳴らしたり、あるいはマーチ風の旋律を演奏したりすればよい。

〈パターンチェンジ〉のカードは、多くの場合〈○拍子〉等のカードで一定の拍節的パターンが構築された状態で用いられる。例えば〈○拍子〉のカードによって一定のテンポの四拍子の音楽が出来上がっている時に〈パターンチェンジ〉が出されると、演奏者はその拍子とテンポを維持しながら別のパターンにフレーズを変更することになる。〈パターンチェンジ〉を繰り返し提示すれば、演奏者は同じ拍子とテンポの中で新しいフレーズをどんどんと創出しなければならなくなる。必然的に、周りのプレイヤーの演奏を参考にしたり、自分がこれまでに演奏してきたフレーズを参照したりしながら自分なりのフレーズを即興的に創出することに慣れていく。〈○拍子〉と〈パターンチェンジ〉は《ＧＭＩＣ》に「創作の足場かけ」的性質を持たせるために導入したカードである。

〈お好きにどうぞ〉、〈雰囲気合わせて〉

《ＧＭＩＣ》の実践において筆者が最も高頻度で使うカードがこの〈お好きにどうぞ〉と〈雰囲気合わせて〉である。〈お好きにどうぞ〉は、基本的に一人の奏者になんでもありの即興演奏をしてもらうことを意図して作成したカードである。リーダーは左手に〈お好きにどうぞ〉のカードをもち、右手で指示を出したい奏者を指差す。なんでもありの即興演奏なので、テンポ等を示す必要はない。人差し指で指示してもいいし、手のひらを上に向けて「どうぞ」のような合図をしてもよい。指示を出された演奏者は、何でもよいので即興演奏を始める。拍節感のある即興でもよいし、ロングトーンをしながら音を大きくしたり小さくしたりするような即興でもよい。とにかくなんでもよいので音を出してもらう。〈お好きにどうぞ〉で誰かが即興演奏を始めた後、筆者はよく〈雰囲気合わせて〉のカードを手にする。〈雰囲気合わせて〉は「今鳴っている音に対して雰囲気を合わせて音を出す」ことを要求するカードである。例えば〈お好きにどうぞ〉を出されたリコーダー奏者が弱音でトリルらしき音型のフレーズを演奏したとしよう。その後で別の演奏者に〈雰囲気合わせて〉が出された場合、その奏者は「弱音のトリル」をよく聴いたうえで、それに雰囲気が合っていると思われるフレーズを創出することになる。しかし、あえて「雰囲気」などという曖昧な言葉を用いていることからも明らかなように、このカードはほとんど〈お好きにどうぞ〉と同義の「なんでもあり」の即興演奏を許容する。「弱音のトリル」に雰囲気を合わせるのであれば、一般的に考えれば小さな音で非拍節な演奏をすればよいが、一方で「弱音のトリル」に対してハツラツとした四拍子のビートを重ねても悪いわけではない。〈雰囲気合わせて〉のカードは、「今鳴っている音をよく聴いたうえで好きなフレーズを演奏してね」くらいの大綱的な指示だと思ってもらえればよい。

〈おもしろアイディア〉、〈目立つソロ〉

〈おもしろアイディア〉と〈目立つソロ〉は、「自己開示の難しさ」を克服するための機能を持たせるために導入したカードである。〈おもしろアイディア〉を出された奏者は、ちょっと奇抜な音や不思議なフレーズ、あるいは一般的ではない奏法等で即興演奏をすることを求められる。例えばリコーダーを持っている演奏者に〈おもしろアイディア〉が提示された場合は、頭部管だけで音を出したり、エッジの部分を押さえて息の音を出したりするパフォーマンス等が想定されるだろう。〈おもしろアイディア〉は演奏者に「西洋音楽らしい音楽」以外の可能性が存在することをより積極的に示唆するためのカードである。《GMIC》には「良さや美しさ」の規準が存在しないので、リコーダーの運指がわからなくても息を入れて音さえ出すことができれば参加できる。しかし、たとえば〈○拍子〉のサインを出された時、なにか音階を用いたフレーズを創作しなければならないような強迫観念に駆られる人も少なくない。まさに他律的な音楽観である。しかし、〈おもしろアイディア〉のようなカードを用いて「どんな音やフレーズでも音楽になり得る」ことを体験的に理解させることができれば、次第に演奏者は音楽そのものや即興演奏に対して非他律的態度をもって参加することができるようになるだろう。

〈目立つソロ〉は、その名のとおりとにかく目立つ演奏を指示するカードである。もちろん目立ち方にはいろいろな方法がある。大きな音を出しても目立つだろうし、あるいは周りと全く違うテンポのフレーズを演奏しても目立つかもしれない。〈目立つソロ〉の指示で特殊奏法的なパフォーマンスをしても全く問題ない。

先述したように〈おもしろアイディア〉と〈目立つソロ〉は「自己開示の難しさ」の克

服を支援することを意図したカードだが、これは「自己開示の難しさ」に直面している演奏者にこのカードの指示を出せばよい、という意味ではない。先述したように、「自己開示の難しさ」を克服するには、他者のチャレンジに対する気づきを通して「ここでは本当に何をやってもいいいんだ」という理解に至る必要がある。したがって、このカードは、既に「自己開示の難しさ」を克服できているような演奏者、例えばクラスのムードメーカー的子どもにさらなるチャレンジを促すことで周囲の子どもを触発するような使い方が想定されている。あるいは、音楽科の授業を見学に来ている学級担任に〈おもしろアイディア〉を指示したり、子どもがリーダーを努めているときに教師に対して〈おもしろアイディア〉を出させたりするのも有効だ。

集団即興演奏のローカリティ

以上がカードの解説である。この八枚のカードは筆者が試行錯誤した結果選び抜いたいわば精鋭たちで、実はこの八枚に落ち着くまでに他のカードもずいぶん試している。例えば〈ガサガサ〉〈ポヨン〉といったオノマトペを用いた抽象的なカードを使ってみたり、あるいは参加者自身にカードを考案させてみたりもした。大学生を対象とした授業の中でオリジナルの指示を作らせると、〈かわいい〉とか〈大胆に〉といったカードが作られ、それはそれで興味深い効果があったように思う。しかし、特定の雰囲気を示す形容詞や副詞、あるいはオノマトペを用いたカードは、「即興的創作の難しさ」を克服させるための「創作の足場かけ」にはなりにくいし、かといって積極的なチャレンジを促進させるには指示が曖昧である。おもしろいとは思ったが、オフィシャルに取り入れるには効果が薄いと判断された。しかし、子ども自身にカードの指示を考えさせるような授業をすること自体は有効だろう。筆者から提案するカードは右記の八種類であり、これらのカードこそが集団即興演奏における三つの「難しさ」を克服させ、最終的に音楽に対する非他律的態度を獲得させるうえで効果的だと確信しているが、オリジナルカードを作成する等の楽しみ方もまた推奨されるべきである。

また、筆者が提案したカードをより自由に活用することも推奨される。例えば、とある大学で《GMIC》を実践し学生にリーダーをやらせた時に、その学生は〈長い音〉と〈お好きにどうぞ〉のカードを二枚もって指示を出していた。指示を出された演奏者はなんとか長い音を使って即興演奏をしようと試みていた。また別の大学では、〈お好きにどうぞ〉を全ての演奏者に対して同時に示し、カオスな音響を作ろうと試みた者もいた。このようなカードの活用方法は筆者の想定にはなかったが、そのような実践も当然歓迎である。

以上からわかるように、「失敗不在の原則」は演奏者に対して適用されるのみならず、リーダーにも適用され得る。仮に子どもがリーダーを務めるような場面では、子どもによる奇抜なカードの使い方は積極的に許容されるべきだろう。一方で、教師がリーダーを務める場合にはカードの使い方に関して様々な配慮が必要になる。例えば、即興演奏に慣れていない子どもに対していきなり〈お好きにどうぞ〉を指示するのは多くの場合あまり効果的ではない。なぜなら、その子どもは「即興的創作の難しさ」と「自己開示の難しさ」の両方に直面している可能性があるからだ。授業の序盤では、〈長い音〉〈短い音〉〈◯拍子〉〈パターンチェンジ〉等を用いて「創作の足場かけ」を積極的に築きながら「即興的創作の難しさ」を克服させようと努めたほうがよい場合が多い。教師が教科教育の中で子どもの非他律的態度を育てるために《GMIC》を実施するのであれば、自分が作りたい音響を実現するためではなく、子どもたちが直面している「難しさ」を推し測りながらその克服を支援するためにカードを選択する必要があるだろう。

また、三十五人学級で一斉に即興演奏をさせる際には音量への配慮が必要である。例えば、大太鼓やスネアドラムのような楽器をもった小学生は、こちらが耳を覆いたくなるほど大きな音を出すことがある。〈お好きにどうぞ〉のカードを示したのだから、本来はそのような演奏もその子どもの〈自由〉な表現として認められるべきなのかもしれない。しかし、打楽器を用いた大音量の演奏は、他の子どもの〈自由〉な探求を阻害する。メタ音楽は個人の表現の〈自由〉とともにクラスの中での〈自由の相互承認〉を実質化するものでなければならない。誰かの〈自由〉な演奏が他の子どもの〈自由〉を奪ってしまうような状況は〈自由の相互承認〉の原則に抵触してしまう。音楽科の中で子どもに「相互承認の感度」を身に着けてもらうために、「教室に音が溢れすぎていないか、耳を使って確認してみてね」等の言い方をしながら最大音量に関するある種のルールを設けてもよいかもしれない。〈お好きにどうぞ〉は確かに「なんでもあり」ではあるが、それは〈自由の相互承認〉の原則の範囲においてである。もちろん楽器間の本来的な音量差も存在するので、クラス全員で即興をする場合は、音量の小さな楽器を持った子どもから順番に演奏させるような配慮があってもよいだろう。

以上のような教育的配慮をしながら《ＧＭＩＣ》のファシリテーションをすることは、音楽科の教師にとっても非常に難しい。先程筆者は「即興演奏に慣れていない子どもに対していきなり〈お好きにどうぞ〉を指示するのは多くの場合あまり効果的ではない」と述べたが、一方で「〈○拍子〉は苦手だが〈お好きにどうぞ〉では積極的に音を出せる」という即興未経験の子どもも当然存在する。筆者自身、集団即興演奏を通して子どもに非他律的態度を獲得させようと多くの実践を経験してきたが、子どもの個人差やクラスの雰囲気、それまでの音楽経験等、考慮すべき変数があまりに多すぎるため、「授業で《GMIC》を実践するときにはこういう方法でやればよい」といったような単純化されたメソッドを示すことは非常に難しい。集団即興演奏は教育方法論の定式化がことさら難しい領域でもある。

しかし、だからこそ音楽科の教師には人的価値がある。そのようなコンテクストに依存する高度な教育的判断は、筆者が年に一度出張授業に行って《GMIC》を実践した程度では到底成し得ない。日々子どもと関わり、子どもたちや学校のコンテクストを十分に把握した教師だからこそ、状況依存的な教育的判断を的確に行うことができる。そして、的確な判断をするために必要なのは「なんのための音楽科教育なのか」という力強い目的論である。筆者が示す音楽科教育の目的論を読者に押し付ける気はない。読者それぞれが強固で柔軟な目的論を持つことで、状況依存的な教育的判断を的確に行うことができるだろう。

③ Meta-Music as Bricolage

ここまでに《ＧＭＩＣ》を授業で実践する際のヒントを提示してきた。最後に、《ＧＭＩＣ》のような集団即興演奏をメタ音楽として実践する上で必要になる創作観について論じておきたい。

これまでにも繰り返し述べてきたように、メタ音楽には絶対的な「良さや美しさ」の規準が存在しない。そしてこれは、メタ音楽の実践にあたっては教師も子どもも「目指すべき表現」を事前にイメージすることが難しい、ということを意味する。西洋音楽を演奏する際、私たちは楽譜やプロの演奏を参照しながら「目指すべき表現」のイメージを内的に形成する。あるいは、「銀行型教育」の帰結として、教師から「目指すべき表現」のモデルを与えられる。ジャズのような即興演奏をする場合でさえも、曲のスタイルやコード進行、テーマの雰囲気を加味して「目指すべき表現」が自然とイメージされるだろう。このように多くの音楽実践において「目指すべき表現」がほとんど不可避的に立ち現れるのは、各ジャンルに強固な「良さや美しさ」の規準が存在するからだ。ソシュールになぞらえて考えるのであれば「良さや美しさ」の規準とは音響から独立した言語による価値体系に過ぎない。しかし、それでも特定文化の音楽を実践する際には「良さや美しさ」の規準を無視することは難しい。当人がその規準を意識しようとしまいと、「目指すべき演奏」は音を出す前の段階でほとんど必然的にイメージされることになる。そして、私たちはそのような事態に慣れきっている。

しかしメタ音楽には「良さや美しさ」の規準が存在しない。したがって、今から行う演奏に対して具体的な見通しを持つことができないのである。〈お好きにどうぞ〉を指示された演奏者は、とりあえず手にした楽器で何かしらの音を出してみなければならない。またカードで指示を出すリーダーも、演奏者が持っている楽器を見ながら、あるいは演奏者のその日のテンションやメンバーの雰囲気を見ながら、誰かに指示を出さなければならない。そして、その場で生み出された音を聴いて、「さぁ次はどのカードを使おうかな」といちいち考えなければならない。演奏者もリーダーも、見通しの立たない状況で音楽し始めたうえで、「今鳴っている音」に耳を開き、それにどう寄り添うのがよいのか毎回立ち止まって考えなければならない。

このような音楽創作のあり方は、構造主義の思想家クロード・レヴィ＝ストロースが示したブリコラージュ（bricolage）の概念を思わせる。ブリコラージュとは「器用仕事」や「日曜大工」のように訳されるフランス語である。レヴィ＝ストロースは、文化人類学者としていわゆる「未開」の地に住む人々の生活を分析し、彼らの精神には現代文明に暮らす私たちが失いつつある高度な思考様式、すなわち「野生の思考」があることを指摘した。そして、その「野生の思考」の端的な例として、ブリコラージュが論じられているのである。なぜレヴィ＝ストロースは「日曜大工」的な発想を高く評価したのだろうか。

現代文明に生きる私たちは、何かを作ろうとするときまず第一に作り方を調べる。そして、必要な道具や材料を揃え、インターネット上に落ちているhow to動画を見ながら制作に励む。それは、ＤＩＹで棚を作る場合のような実際的な道具作りのみならず、音楽のような創造的営為においても同様だ。現代の若者が音楽を作りたいと思ったら、まずは「ＤＴＭ　始め方」のようなワードをGoogleの検索ウインドウに入力することだろう。あるいは、「ソナタ形式の作品を作ろう」「ボカロでアニメソング風の楽曲を作ろう」のようにアウトプットのイメージを持ち、それに効果的に近づけるために情報収集や試行錯誤を行うだろう。現代における創作は、まず「目指すべき表現」の方向性が前提され、次にそこにフィットする素材を集めるのが一般的定式だ。素材は「目指すべき表現」を実現するための不完全なピースに過ぎない。

一方で、レヴィ＝ストロースが重視するブリコラージュは、最終的な作品の形が事前に前提されないような創作のあり方を示唆している。レヴィ＝ストロースは、ブリコラージュをする人のことをブリコルール（bricoleur、器用人）と呼び、「ありあわせの道具材料を用いて自分の手でものを作る人」[122]と定義づける。ブリコルールは、アウトプットのイメージを事前にもって素材を収集するのではなく、偶発的に揃った眼前の素材をよく観察し、そこから生まれる新たな表現の可能性を模索するのである。レヴィ＝ストロースはブリコルールの性質として「道具材料と一種の対話を交わし、いま与えられている問題に対してこれらの資材が出しうる可能な回答を全て並べてみる」[123]とも述べている。ブリコルールは、「表したいイメージ」ありきで素材を加工するのではなく、素材そのものと対話し、その素材を活かそうとする。最終的なアウトプットの形を決めるのは人間ではなく素材である。高橋の言葉を借りれば、創作とは「素材を克服する」ことではなく「素材に従う」ことなのだ[124]。そしてこれは、まさに《ＧＭＩＣ》のリーダーや即興演奏をする子どもに求められる態度でもある。

　ブリコルールとしての音楽科教師は、はじめから「今日の音楽の授業ではこういう音楽を子どもに作らせよう」とは考えない。ブリコラージュとしての集団即興演奏を行うには、子どもが発した素材としての音を客観的に観察し、それをどのように活かすことができるのか考える必要がある。ブリコラージュには偶発性へのリスペクトが必要だ。リーダーを務める教師は、子どもの様子を見ながら「自己開示の難しさ」を克服できていそうな子どもに〈お好きにどうぞ〉を提示する。すると教室には素材としてのフレーズが立ち現れる。教師と残りの子どもは、それをつぶさに観察して、今ある素材を活かす方法を考えなければならない。さらに別の子どもに対して〈雰囲気合わせて〉を提示すると、二つのフレーズが重なり、新たな素材が誕生する。残された子どもと教師は改めてそれらの素材を活かす方法を思考することになる。そのような営みの連続は、美という言語の価値体系に向かう意識を消失させ、音と身体によるシニフィアンの戯れを浮き彫りにする。《ＧＭＩＣ》のようなメタ音楽としての集団即興演奏は、ブリコラージュの絶え間ない連鎖である。メタ音楽が音楽科教育の場で適切に実践されるとき、教師も子どももあまねくブリコルールになっているはずだ。

したがって、メタ音楽としての集団即興演奏は、常に流動的で再現性のないものになる。むしろ、流動性が失われ、固定的で予定調和な演奏が続くようなら注意が必要だ。いくら即興演奏と言えど、同じメンバーで繰り返し演奏をしていると自然と「こういうのがいい表現だな」のような規準が醸成され、毎回同じような演奏に収束するような事態が起きないとも限らない。しかし、アルサップが指摘するように、「良さや美しさ」の規準は誰もが編集できるようオープンな状態を保たなければならない。そのためには、常にブリコルールとして即興演奏に臨もうとする態度が子どもにも教師にも求められるだろう。例えば、特定のクラスで《GMIC》を繰り返し実践する中で、タイトな拍節感の音楽を作るのが流行し、皆がそのような演奏を目指すような雰囲気が生じたとしよう。そしてそこに転校生が現れ、クラスメイトが拍節的な音楽を作っているところに空気を読まず非拍節的なフレーズを演奏したとしよう。そのとき、ブリコルールとしての子どもと教師は「転校生は拍節的なフレーズに非拍節的なフレーズを重ねてきたか……これはこれでありだな、この響きを活かすには次にどんな音を出したら面白いだろうか」と考えなければならない。「ウチのクラスでは拍節的なフレーズをタイトに重ねるのが流行ってるんだから空気読んでよ!」と子どもが言い始めたとしたら、その授業は子どもに特定の「良さや美しさ」を絶対視する他律的音楽観を持たせてしまっている。

授業というミクロの世界においても「変化の動性」を意識することは重要だ。メタ音楽のファシリテーションに定式はないが、教師自身が既定路線に安住することのない「変化の動性」を体現する人でなければならないことは、唯一確かである。

素材としての音を既存の規準で判断するのではなく、常に素材と対話する。音楽に対する非他律的態度は、あらゆる素材に可能性を見出そうとするブリコルールの余白ある創作観そのものである。

参考文献および注

113 Thompson, W. (2006), *Soundpainting: the Art of Live Composition Workbook1*, Sping Books, p.2

114 Walter Thompson YouTube チャンネルトップページ
https://youtube.com/@walterthompson2334

115 【集団即興演奏】サウンドペインティングについて詳しく解説しました
https://youtu.be/RWR7pFFmaQ8

116 長谷川諒（二〇二四）「様式的規範に束縛されない集団即興演奏における演奏者の習熟過程―サウンドペインティング実践者に対するインタビューとSCATによるテキスト分析を通して―」『JASMIMジャーナル』9巻、pp.3-36

117 大谷尚（二〇〇八）「4ステップコーディングによる質的データ分析手法SCATの提案―着手しやすく小規模データにも適用可能な理論化の手続き―」『名古屋大学大学院教育発達科学研究科紀要（教育科学）』54巻2号、pp.27-44

118 長谷川諒（二〇二四）「様式的規範に束縛されない集団即興演奏における演奏者の習熟過程―サウンドペインティング実践者に対するインタビューとSCATによるテキスト分析を通して―」『JASMIMジャーナル』9巻、pp.3-36

119 Thompson, W.（2014）, *Soundpainting: the Art of Live Composition Workboo3 Theater & Dance*, Sping Books, p.14

120 同前書

121 「不思議な森への大遠足」神戸市室内管弦楽団・神戸市混声合唱団
https://youtu.be/5STiOvCU3T8?si=3NRwA3FUYkfXIzud

122 C・レヴィ＝ストロース／大橋保夫訳（一九七六）『野生の思考』みすず書房、p.22

123 同前書、p.24

124 髙橋憲人（二〇二二）『環境が芸術になるとき―肌理の芸術論』春秋社、pp.101-117

終章　「良い音楽科教育」とはなにか

本書は、「音楽科教育の存在意義」を論証するために、「なんのために音楽科教育は存在しなければならないのか」という目的論を構築しようと試みてきた。そして、音楽科教育の目的は「音楽表現の個人的〈自由〉および〈自由の相互承認〉を実質化すること」であり、それは子どもに音楽に対する非他律的態度を獲得させることで実現することを、あくまで筆者の試論として、体系的に示してきた。音楽科教育は、子どもにあらゆる音楽に対する非他律的態度を獲得させることで、音楽表現の個人的〈自由〉および〈自由の相互承認〉の実質化に貢献するために存在しなければならない。これが筆者が提案する「音楽科教育の存在意義」に関する目的論である。

ここで改めて本書の冒頭に掲げた問いに立ち返ろう。

「良い音楽科教育」とはなにか。どのような教育を「良い音楽科教育」と呼ぶことができるのか。

本書の序論は、この素朴な疑問から始まった。まさにビースタが強調するに、教育とは規範（〜すべき）の問題を含む。我々は世界の音楽の記述的特徴をある種の「事実」として参照しながら、「音楽科教育はどうあるべきか」という規範的問いを立て、「当為」を導かなければならない。そして、音楽科教育の目的に関する筆者なりの試論が提示された今、「良い音楽科教育」について語ることがようやく可能となった。

「良い音楽科教育」とはなにか。それは「音楽表現の個人的〈自由〉および〈自由の相互承認〉の実質化」に貢献するような音楽科教育である。それは子どもたちに音楽に対する非他律的態度を獲得させることで実現する。より一般的な語彙を用いて説明するのであれば、「世界の音楽に関する様々な知識や技能について教えつつもそれらを絶対視させないような教育実践」を、筆者は「良い音楽科教育」だと捉えたい。

そのような音楽科教育を実践するための一助として、本書では《GMIC》のようなメタ音楽としての集団即興演奏実践を紹介した。世界中の音楽文化をそれぞれに支える「良さや美しさ」の規準は、子ども自身の〈自由〉な表現を抑圧する「法」になりかねない。そして、音楽科は特定音楽文化の「良さや美しさ」の規準を子どもにインストールするだけの「銀行型教育」であってはならない。メタ音楽としての集団即興演奏は、資本主義社会の中で優遇される西洋音楽的な「良さや美しさ」や音楽科の教科内容として取り扱われる世界の音楽文化の「良さや美しさ」、そして「良さや美しさ」という言語的概念それ自体を相対化するための視点を与えてくれる。メタ音楽が「野生の思考」を体現するブリコラージュとして実施されるのであれば、それは「良い音楽科教育」を構成する上での重要な要素になるだろう。

一方で、筆者は世界中の音楽の記述的特徴を学習させるような従来型の音楽科教育を一切廃止すべきだとは考えていない。合唱的発声やケチャの構造、日本各地の民謡等についての学習内容は、今後の音楽科教育においても一定程度重要になるだろう。しかし、目的論不在の音楽科においては「全ての子どもが合唱的発声について学ばなければならないのはなぜか」「全ての子どもがケチャの構造について学ばなければならないのはなぜか」という問いに回答することが難しかった。「非他律的態度の獲得を通した〈自由〉及び〈自由の相互承認〉の実質化」という筆者の目的論は、これらの問いに回答するための論理基盤を提供してくれる。全ての子どもが合唱的発声について学ばなければならないのは、そのような発声が良いとされる文化が存在することを知り、それを承認する経験を通して非他律的態度を獲得する必要があるためである。全ての子どもがケチャの構造について学ばなければならないのは、そのような音響構造が良いとされる文化が存在すること知り、それを承認する経験を通して非他律的態度を獲得する必要があるためである。

もちろんこれは合唱的発声やケチャの構造といった学習内容それ自体の必然性を正当化するものではない。非他律的態度の獲得を目指すのであれは、合唱よりもメタ音楽の実践のほうが効果的であろう。しかし、親学問不在の音楽科においては、特定音楽文化の学習内容をそれ自体の性質に依拠して正当化することは不可能なのである。「公教育の場においては合唱的発声とブルガリアンボイス的発声のどちらを学ばせるべきだろうか」と考えたところで本質的な答えは出ない。したがって、内容論によって学習内容の必然性を論証するのではなく、「どのような内容であれ妥当に正当化しうる目的論」を準備し、その目的に照らして内容の取り扱いを精査しようとする発想が必要になる。そして、「非他律的態度の獲得を通した〈自由〉及び〈自由の相互承認〉の実質化」という目的論は、様々な音楽文化についての学習内容を正当化するための論理基盤を提供するためのものでもある。そのように考えると、筆者の目的論が従来的な音楽科教育実践の蓄積を全て反故にするものではなく、むしろそれらを支えようとするものであることがわかる。

したがって、本書の提案は「文化の継承」的な一般的音楽科教育の全てを否定するものではないが、一方でこれまでの音楽科教育のあり方を厳しく問いなおすものでもある。世界中の音楽について教える際、単に「インド音楽ではこれが美しいとされていますよ、知っておいてくださいね」と提示してしまっては、その授業は言語的価値体系に過ぎない「良さや美しさ」の規準を詰め込むだけの「銀行型教育」に終始してしまう。子どもたちがその授業をとおして、音楽における「変化の動性」や音楽本来のパラロジカルな性質を感得することはないだろう。ましてや、言語的概念の向こう側にある音そのものの肌理に触れることは叶わないだろう。なにより、そのような学習が続くと、子どもは「先人のルールを遵守した表現をすることが音楽の本質なのだ」という他律的音楽観を内面化してしまうかもしれない。しかし、インド音楽についての授業でも、「インド音楽ではこのような構造が美しいとされているけれど、日本や西洋の音楽とはずいぶん価値観が違いますね。ではみなさん自身が音楽を作るならどのような構造を採用しますか？」のようなオープンエンドな発問を適切に組み込むことで、子どもが他律的音楽観を内面化するのを抑止し、結果的に非他律的態度を涵養することができるかもしれない。「文化の継承」的音楽科教育を実施する上で重要なのは、音楽科におけるコンプライアンスとして、「良さや美しさ」に対する相対的視点を慎重に導入することである。

そして、音楽に関する「良さや美しさ」がどこまでも相対的であり普遍ではないことを教えるのであれば、そもそも「良さや美しさ」という言語による価値体系が存在しない実践の場を作り、そこで子どもの自由な探求を許容することも必要になるだろう。本書が提案するメタ音楽は、そのような「良さや美しさ」に対する相対的視点が実質化される場の可能性の一つである。メタ音楽は、素材としての音とそれを紡ぐ身体によってのみ構成される。メタ音楽が適切に実践されれば、必然的に「良さや美しさ」という言語の概念にまみれたそれまでの音楽経験は相対化され、素材としての音そのものを承認する経験を得ることができるだろう。その意味で、本書の主張は、単に「音楽科教育に集団即興演奏を取り入れるべきだ」という単純な内容論ではないことを改めて申し添えておく。「音楽科教育にメタ音楽を導入すべきかどうか」という議論は音楽科教育に関する内容論に過ぎない。また「全ての子どもに即興演奏する力を身に着けさせるべきかどうか」という議論も目標論に過ぎない。特定の内容論や目標論を自己目的化しても、相対する別の論の信奉者と衝突し、議論が平行線をたどるのみである。我々は常に「なんのための音楽科教育なのか」という目的論的視点に立ち返りながら、音楽科教育実践について考察しなければならないのである。

教育とは究極のローカルである。独善的な目標論、内容論、方法論に拘泥していては、ローカリティあふれる子どもの姿を取りこぼしてしまう。我々は、子どもの豊かな音楽表現に寄り添うために、謙虚なブリコルールとして絶えず思考しながら、音楽科教育の目的を規範的に問い続けなければならない。そして、規範的問いに終わりはない。我々に求められる専門性とは、終わらざる問いの連鎖に身を置くことへの柔らかな覚悟と、音楽科教育の目的論について心身一元的に自問し続ける知的体力なのである。

あとがき

本書は筆者にとって大きな挑戦であった。筆者は学生時代から音楽科教育の存在意義について人一倍論考してきたように思う。学会発表や論文執筆等でこのテーマを直接論じたことはなかったが、それでも筆者の発表や論文、授業での言説の端々には音楽科教育の存在意義についての論考が漏れ出していた。しかし、時間制限のある学会発表や文字制限のある論文は、筆者の考えていることの多くを詰め込むには枠が狭すぎた。したがって、これまで発表し損ねていた論を一つの書籍にまとめることができたことは、筆者にとっても望外の喜びである。これまでに自身の勉強のため読んできた様々な思想家たちの書籍を再整理しながら筆者の音楽科教育論に繋げる試みはなかなかにアクロバットであり、不十分な点も多々あったように思う。筆者の至らなさへの批判は真摯に受けよう。しかし、序論でも述べた通り、本書の最終的な目的は、読者ら自身による目的論的議論を促進することにある。筆者の論をたたき台にすることで、読者らそれぞれが「良い音楽科教育」に関する「確信・信憑」を積極的に開示し合い、それぞれの論を鍛えてみてほしい。そして、音楽科教育にまつわるあらゆる方法論的、内容論的、目標論的議論に先立ち、目的論的議論こそが活発に行われるような風土が訪れることを切に願う。

本書は明治図書出版からの執筆依頼を受けて書かれたものであるが、実は依頼当初は全く別の方向性を持った書籍が想定されていた。前著『中学校音楽「主体的に学習に取り組む態度」の学習評価完全ガイドブック』が比較的好評だったこともあり、「子どもが自律的に学習する環境を整える方法を他教科の先生方にも伝わるような形で書籍にしてくれませんか？」というのが当初の依頼だったように記憶している。一旦快諾して執筆を始めたのだが、そのようなテーマは残念ながら当時の筆者の関心の中心ではなかった。そして、子どもの自律的な学習環境を整えることの重要性を効果的に論じようとすると、どうしてもスモールやフレイレやアルサップやソシュールについて言及したくなってしまった。子どもの自律について論じるうえでは、自律の概念について音楽科教育の立場から再検討する必要があるように思われた。とにかく筆者は、音楽科教育の目的論について書かずにはいられなかったのである。そのようなわけで、前著から筆者の書籍を担当してくださっている木村さんに「怒られるかな……」と思いながらテーマの大幅な変更について相談したところ、快く受け入れてくださった。もしかしたら編集部内では一悶着あったのかもしれない。しかし、この書籍を出版することができ、筆者が十年近く持ち続けてきた探究心は一応の結実を見た。もちろん音楽科教育の目的論的探求は常に開かれているので、筆者自身、今後も耐えざる練磨に曝されながら自身の目的論を鍛えていかなければならないだろう。それでも、これまでの不格好な足掻きの軌跡を形にできたこと、そしてそれを読者の皆様と共有できたことに心から感謝したい。

本書の出版にあたり、筆者のような怪しいインターネット芸人に白羽の矢を立ててくださった明治図書出版の皆様、最後まで筆者のわがままに付き合ってくださった編集者の木村悠さん、有益な議論を提供してくれた全国の研究仲間、サウンドペインティング研究に協力してくれた関東の音楽大学の大学生たち、年末年始に一緒にカフェに籠もって作業してくれた神戸大学の大学院生、筆者の講演やワークショップに来て「書籍を楽しみにしています」と声を掛けてくださった多くの先生方、YouTubeやＳＮＳで応援のメッセージをくださった名前も知らない方々に、改めて感謝申し上げます。皆様の温かな応援がなければこの本は執筆できなかった。ありがとうございました。

二〇二四年七月

長谷川　諒

【著者紹介】

長谷川　諒（はせがわ　りょう）

博士（教育学）、音楽教育学者。広島大学で博士号を取得後、神戸大学、関西大学、新見公立大学等複数の大学で非常勤講師として教員養成に携わりながら、研究会での講演や即興演奏ワークショップの講師として活動している。活動の概要はSNSやYouTubeチャンネル「音楽教育学者の思考」で随時発信中（www.youtube.com/@haseryo_ME）。2021年度より日本音楽即興学会の理事長を務めている。

2023年には『中学校音楽「主体的に学習に取り組む態度」の学習評価完全ガイドブック』（明治図書出版）が初の単著として出版された。論文は日本音楽教育学会や日本音楽即興学会等の学会誌に掲載されている。例えば「様式的規範に束縛されない集団即興演奏における演奏者の習熟過程―サウンドペインティング実践者に対するインタビューとSCATによるテキスト分析を通して―」（『JASMIMジャーナル』Vol.9、2024）等。

※本書の第4章で触れたサウンドペインティングに関する研究は、JSPS科研費JP19K14237の助成を受けて実施された。

音楽科教育はなぜ存在しなければならないのか

「良い音楽科教育」を構想するための目的論

2024年8月初版第1刷刊　©著　者　長　谷　川　諒

発行者　藤　原　光　政

発行所　明治図書出版株式会社

http://www.meijitosho.co.jp

（企画）木村　悠（校正）染谷和佳古

〒114-0023　東京都北区滝野川7-46-1

振替00160-5-151318　電話03(5907)6703

ご注文窓口　電話03(5907)6668

＊検印省略　組版所　株式会社木元省美堂

Printed in Japan　ISBN978-4-18-159226-4